Inhalt

Der Ölbaum als Kulturgut

Der Olivenbaum ist eine ganz besondere Kulturpflanze, hat er doch über viele Landesgrenzen hinaus ganze Völker nachhaltig geprägt und beeinflusst. Schon lange weiß man, dass die Bewohner des Mittelmeerraumes bereits seit Jahrtausenden Olivenbäume kultivieren und deren Erzeugnisse für die unterschiedlichsten Zwecke nutzen. Aber vermutlich liegt die Kultivierung der ersten Olivenbäume noch viel weiter zurück, denn auf den Ägäischen Inseln hat man Fossilien von Olivenblättern gefunden, die auf ein Alter von 50 000 bis 60 000 Jahren datiert wurden. Und Agrarwissenschaftler haben festgestellt, dass es sich hierbei um Blätter von kultivierten Bäumen gehandelt hat.

Tafeloliven und Öl werden schon seit Jahrtausenden als Nahrungsmittel genutzt. Davor diente das Öl nur als Lampenöl und ebenso wie die Blätter und die Früchte medizinischen und religiösen Zwecken. So fand man in einem alten Brunnen auf Kreta 3500 Jahre alte Oliven, die in einer Schale aufbewahrt geopfert worden waren. Durch den Luftabschluss waren sie so konserviert, dass sie bei ihrer Entdeckung kaum von frischen Oliven zu unterscheiden waren. Das Fruchtfleisch war noch erhalten. Allerdings sind sie wenige Minuten, nachdem sie der Luft ausgesetzt waren, zerfallen. Vermutlich war dieses Opfer den Göttern gebracht worden, um sie milde zu stimmen: Nachweislich wurden vor etwa 3500 Jahren der Palast, zu dem der Brunnen gehörte, und die gesamte Umgebung von einem verheerenden Erdbeben zerstört.

Die Frage, wann und wo Olivenbäume das erste Mal kultiviert worden sind, kann bis heute nicht klar beantwortet werden. Allgemein wird die Auffassung vertreten, dass die Ölbaumkultur, so wie wir sie heute kennen, ihren Ursprung im östlichen Mittelmeerraum hatte. Von dort gelangte sie vermutlich um 2500 v. Chr. nach Kreta und Ägypten und breitete sich über Nordafrika Richtung Westen aus. Etwa 1000 v. Chr. übernahmen die Griechen die neueren Kultivierungsmethoden und brachten sie wahrscheinlich um 600 v. Chr. nach Sardinien, Sizilien und auf das italienische Festland. Erst danach erreichten die ersten Olivenbäume Spanien, Frankreich und Portugal. Im 16. Jahrhundert wurden schließlich Olivenbaumschösslinge nach Kalifornien und Argentinien gebracht und noch viel später wurden sie erstmals in Südafrika, Neuseeland und Australien kultiviert.

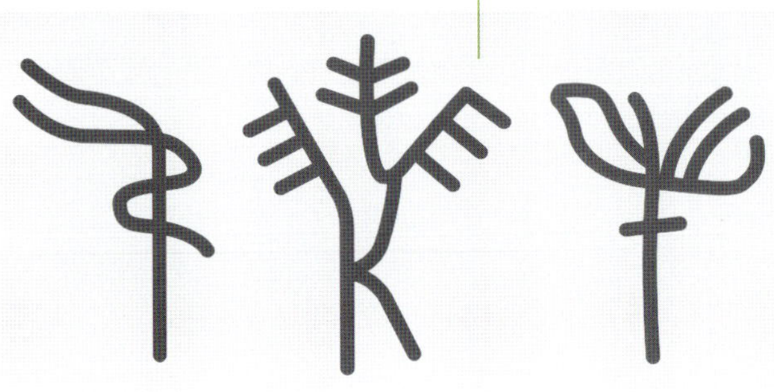

Schon um 1400 v. Chr. gab es in der mykenischen Schrift, die auch als Linear B bezeichnet wird, drei verschiedene Schriftzeichen für das Olivenöl, den Olivenbaum und die Frucht des Olivenbaums (von links nach rechts).

Solche Olivenbäume können schon Jahrhunderte alt sein.

Alle Anbaugebiete von Olivenbäumen liegen zwischen dem 30. und 45. Grad nördlicher oder südlicher Breite. Sie zeichnen sich durch ein subtropisches Mittelmeerklima mit trocken-heißen Sommern und feucht-kühlen Wintern aus.

Auch wenn der Olivenbaum mittlerweile auf andere Kontinente gebracht wurde, ist das Hauptanbaugebiet nach wie vor der Mittelmeerraum, wo die Olivenölproduktion insbesondere in weiten Teilen Spaniens, Italiens und Griechenlands ein bedeutender Wirtschaftsfaktor ist. Während in Griechenland das meiste Olivenöl im eigenen Land verbraucht oder zur Abfüllung nach Italien exportiert wird, erzeugen die anderen Länder mehr für den Export bestimmtes Olivenöl. Insgesamt werden jährlich etwa 2,4 Millionen Tonnen Olivenöl produziert. Nur etwa 5 bis 10 Prozent aller geernteten Oliven sind für den Verzehr bestimmt, die restlichen 90 bis 95 Prozent wandern in die Pressen.

Wie viele verschiedene Olivensorten es gibt, lässt sich nicht genau sagen, man schätzt aber, dass die Zahl in die Tausende geht. Im Laufe der Jahrhunderte haben sich die Bäume an die jeweiligen Standorte sowie deren Bodenbeschaffenheit und Klimabedingungen dermaßen angepasst, dass man fast in jeder Anbauregion, die manchmal nur wenige Quadratkilometer umfassen kann, verschiedene, nur dort vorkommende Olivensorten findet.

Um einen Eindruck von der Sortenvielfalt zu bekommen, sollte man im Urlaub gezielt nach lokalen Spezialitäten in den verschiedenen Anbauregionen fragen.

Hintergrund

Hintergrund

Genügsam und langlebig

Unzählige Geschichten und Mythen rund um den Olivenbaum verdeutlichen, wie wichtig diese Pflanze für die Menschen des Mittelmeerraumes war und bis heute noch ist. Die Kultivierung von Olivenbäumen und die Ölproduktion ist für zahlreiche Familien Lebensgrundlage. Wer heute einen Olivenbaum pflanzt, sorgt damit für das Auskommen seiner Enkel und Urenkel. Die langlebigen Olivenbäume liefern über Jahrzehnte und manchmal sogar Jahrhunderte zuverlässige Erträge und sichern so die Existenz der Olivenbauern über viele Generationen.

Mythos Olivenbaum

Der Olivenbaum hat in vielen Kulturen einen besonderen Symbolwert, wie zahlreiche Sagen und Überlieferungen beweisen, obwohl seine ursprüngliche Heimat nicht genau bekannt ist.

Der Olivenbaum taucht in vielen antiken Darstellungen auf.

Die wohl schönste und bekannteste Überlieferung entstammt der griechischen Mythologie und bezieht sich auf die Entstehung und Kultivierung des Olivenbaums: Zeus, der Göttervater, versprach die attische Halbinsel derjenigen Gottheit, die das wertvollste und nützlichste Geschenk bringen würde. Poseidon, der Gott des Meeres, und Athene, die Göttin der Weisheit, traten bei diesem Wettstreit gegeneinander an. Poseidon schlug seinen Dreizack gegen den heiligen Felsen der Akropolis, worauf sofort Meerwasser aus einem Felsspalt sprudelte. Athene jedoch pflanzte einen Olivenbaum. Da die Menschen damals noch kein in Öl gegartes Essen und auch kein Öl für Lampen kannten, ging Athene mit diesem wertvollen Geschenk als klare Siegerin aus diesem mythologischen Wettstreit hervor. Der Olivenbaum wurde seitdem als Heiligtum angesehen.

Nach der kretischen Mythologie soll Athene auf der Insel Kreta geboren worden sein. Sie hat den heiligen Olivenbaum dem kretischen Volk geschenkt.

Die Geschichte des Wettstreits geht aber noch weiter. Poseidon war über die Entscheidung so erbost, dass er Trockenheit über Attika brachte, was wiederum die Bewohner erzürnte. Auch der Sohn Poseidons, Alirrothios, war sehr wütend darüber, dass sein Vater die Herrschaft über Attika verloren hatte. Er stieg auf die Akropolis und verbarg unter seinem Gewand eine Axt, mit der er den von Athene gepflanzten Olivenbaum fällen wollte. Aber es kam nicht dazu. Als er ausholen wollte, sprang ihm die Axt wie durch ein Wunder aus der Hand und tötete ihn.

Auch bei den Olympischen Spielen kam dem heiligen Olivenbaum auf der Akropolis eine besondere Bedeutung zu. Am letzten Tag der Spiele versammelten sich alle Sieger vor Zeus' Tempel, wo sie mit Kränzen, die aus den Zweigen des heiligen Baumes gefertigt worden waren, gekrönt wurden. Solch ein Kranz aus Olivenzweigen war die bedeutendste Auszeichnung, die ein Sportler im Altertum erringen konnte.

Im antiken Griechenland gab es sogar ein Gesetz, nach dem derjenige, der einen Olivenbaum entwurzelte

In den verschiedensten Kulturkreisen hat der Olivenbaum einen hohen symbolischen Wert.

oder zerstörte und vor Gericht als schuldig befunden wurde, zum Tode verurteilt werden konnte.

Aber auch die Römer beanspruchen in ihrer Mythologie das Recht auf den ersten Olivenbaum. So soll diese Pflanze ein Geschenk von Minerva gewesen sein, der Göttin der Weisheit, die aus dem Kopf Jupiters geboren wurde. Anderen Quellen zufolge hat Aristeus, der Sohn Apollos, den Olivenbaum entdeckt und die Fähigkeit, Öl aus seinen Früchten zu gewinnen, entwickelt. Romulus und Remus, die Gründer der Stadt Rom, sollen unter einem Olivenbaum geboren worden sein.

Mit römischen Schiffen wurde das Öl in die entlegendsten Gebiete des riesigen Reiches transportiert, die nicht ausreichend eigenes Öl produzieren konnten.

Selbst die Ägypter hatten ihre eigene Version von der Entstehung des Olivenbaums. Bei ihnen war es die Göttin Isis, die Ehefrau des Osiris, die den Menschen den Olivenbaum schenkte.

Symbolvielfalt

Der Olivenbaum hat bis heute nichts an Symbolkraft eingebüßt. In den unterschiedlichsten Kulturen wurde er zum Symbol für verschiedene erstrebenswerte Eigenschaften.

Baum der Weisheit: In verschiedenen Kulturen soll der Olivenbaum von den Gottheiten der Weisheit zu den Menschen gebracht worden sein. So war das Symbol der Göttin Athene neben der Eule auch ein Olivenzweig.

Baum des Friedens: Eirene, die Friedensgöttin, eine Tochter von Zeus und Themis, wurde immer mit einem Olivenzweig in der Hand dargestellt. Und später in Kriegszeiten wurden die Boten, die den Frieden überbringen sollten, mit einem Olivenzweig als Symbol losgeschickt.

Baum der Hoffnung: Im Alten Testament wird von einer Taube berichtet, die mit einen Olivenzweig zur Arche zurückkehrt, um das Ende der Flut anzukündigen und der Menschheit neue Hoffnung zu bringen.

Baum des Lichts: Das Olivenöl wurde früher auch als Lampenöl verwendet und deshalb als ursprüngliche Quelle des Lichts angesehen.

Zur Info

Woher der Name kommt

Die lateinische Bezeichnung für Olive – oleum – setzt sich aus zwei Begriffen zusammen, und zwar aus dem kretischen Wort „elaiwa“, dem Begriff für Olive, und dem semitischen „ulu“.

Im spanischen Sprachgebrauch geht der Begriff „aceite“ auf das arabische Wort für Olive – al-zaytun – zurück. Als „oliva“ wird im Spanischen nur der Baum, aber nicht die Frucht bezeichnet.

Wegen der großen Bedeutung des Olivenöls hat sich ausgehend von der griechischen und römischen Kultur der Begriff „Öl“, abgeleitet vom lateinischen „oleum“, fast überall in Europa als Bezeichnung für flüssige Fette durchgesetzt.

Hintergrund

Wie zutreffend die Bezeichnung "Baum der Gesundheit" ist, bestätigen heute zahlreiche wissenschaftliche Untersuchungen, welche die gesundheitsfördernden und zum Teil heilenden Eigenschaften des Olivenöls belegen.

Baum der Fruchtbarkeit: In der Volksmedizin Griechenlands gilt Olivenöl als Aphrodisiakum. Neu Vermählten bot man Brotringe an, die mit dem ersten Öl des Jahres beträufelt waren, als Mittel gegen Unfruchtbarkeit.

Baum der Gesundheit: Da man sich schon früher des gesundheitlichen Wertes von Olivenöl bewusst war, symbolisierte der Olivenbaum Kraft und Gesundheit. Auch die Tatsache, dass Olivenbäume sehr langlebig, genügsam und widerstandsfähig sind, unterstreicht diese Symbolkraft.

Baum des Wohlstands: Für viele Familien – früher wie heute – bilden Olivenbäume und ihre Erzeugnisse die Existenzgrundlage und sorgen so für den Wohlstand der Besitzer, die ihre Bäume mit Hingabe pflegen und kultivieren, da sie sich durchaus deren Wertes bewusst sind.

Baum der Ausgewogenheit: Die Kelten sahen den Olivenbaum als Symbol der Ausgewogenheit an und widmeten ihm den 23. September, weil Tag und Nacht dann gleich lang sind.

Es gibt noch zahlreiche andere Beispiele für die zeremonielle und kulturelle Bedeutung des Olivenbaums. So gab man früher auf Zypern dem Neugeborenen das erste Trinkwasser auf einem Olivenblatt, damit es in seinem Leben nie durstig sein sollte. Dieser Glaube wurde damit erklärt, dass der Olivenbaum einen geringen Wasserbedarf hat und auch noch aus großen Tiefen das lebensnotwendige Wasser beziehen kann.

In manchen Gegenden Kretas ist es heute noch üblich, dem Verstorbenen drei Olivenzweige mit ins Grab zu legen. In der christlichen Religion verkörpert das Öl die göttliche Segnung. Daher steht in jeder orthodoxen Kirche neben dem Taufbecken eine Flasche mit Olivenöl, das zum Salben des Täuflings verwendet wird. Auch erhält der Christ in der Stunde seines Todes die letzte Ölung.

Selbst mit dem Leben und Tod Jesu ist der Olivenbaum eng verbunden: Jesus wurde im Schutz eines Olivenbaumes geboren und in einem Garten voller Olivenbäume verraten.

■ Der Ölbaum botanisch gesehen

Der Ölbaum oder Olivenbaum (*Olea europaea*) gehört zur Familie der Ölbaumgewächse (Oleaceae), die rund 600 Baum- und Straucharten umfasst. Zu den Ölbaumgewächsen zählen auch so bekannte Gehölze wie Esche, Flieder, Forsythie, Liguster oder Jasmin.

Äußere Merkmale

Der Ölbaum ist ein immergrüner Baum, der bis zu 20 Meter hoch und über 1000 Jahre alt werden kann. Als subtropisches Hartlaubgewächs ist er nur bedingt winterhart, verträgt dafür aber Hitze und Trockenheit gut. Typisch sind der knorrige Stamm, die raue, oft rissige Borke und die lichte, weit ausladende Krone. Die ledrigen Blätter haben eine länglich lanzettliche Form. Ihre Oberseite ist graugrün, die Unterseite silbrig weiß gefärbt und außerdem mit schuppenartigen Härchen besetzt. Die Blätter sind gegenständig am Stiel angeordnet.

Form, Beschaffenheit und Färbung der Blätter sind alles Anpassungen an ein heißes, trockenes Klima. Die Blätter bieten möglichst wenig Oberfläche und schützen sich durch die ledrige Struktur, die Härchen und die helle Färbung vor übermäßiger Verdunstung. Dieser Schutz vor unnötigem Wasserverlust geht sogar so weit, dass sich die Blättchen im Tagesverlauf drehen, damit sie der Sonne immer die schmale Seite zuwenden und somit möglichst wenig Angriffsfläche für die Sonneneinstrahlung bieten.

Der knorrige Stamm mit der rissigen Borke ist typisch für alte Olivenbäume.

Die winzigen weißlichen oder gelblichen Blüten sind in Trauben angeordnet und erscheinen im Frühjahr. Sie bestehen aus vier Kelchblättern und vier Kronblättern. Aus den Blüten gehen die 2 bis 4 cm langen Oliven, die botanisch zu den Steinfrüchten gehören, hervor. Sie sind rundlich bis länglich eiförmig. Der Fruchtansatz erfolgt im Mai oder Juni. Von hundert Blüten bilden allerdings nur ein bis fünf Blüten später Früchte.

Olivenbäume sind einhäusig, das heißt, die Blüten besitzen sowohl Staubgefäße mit Pollen (männlich) als auch Stempel und Fruchtknoten (weiblich). Sie werden vom Wind bestäubt und sind bei der Befruchtung auf Fremdpollen, also Pollen von benachbarten Olivenbäumen angewiesen.

Auf natürliche Weise werden Olivenbäume durch Vögel verbreitet, welche die Früchte fressen und die Samen unversehrt wieder ausscheiden.

Im unreifen Zustand sind die Oliven grün gefärbt. Erst mit zunehmender Reife beginnen sie sich rötlich zu verfärben und nehmen schließlich eine mehr oder weniger dunkle violette oder blauschwarze Farbe an.

Hintergrund

Unreife Oliven sind grün gefärbt.

Mit zunehmender Reife werden die Früchte rötlich bis dunkelviolett.

Über ein Drittel von Kreta ist landwirtschaftliche Nutzfläche, wovon wiederum über zwei Drittel mit Olivenbäumen bewachsen ist. 90 Prozent des exportierten kretischen Olivenöls geht nach Italien zur Verbesserung der dort erzeugten Öle. Nur 10 Prozent werden direkt für den Endverbraucher in andere Länder exportiert.

Manche Sorten werden noch am Baum runzelig.

Bescheidene Ansprüche

Legendär ist die Anspruchslosigkeit und die Langlebigkeit der Olivenbäume. Sie gedeihen noch auf steinigen und sogar kalkhaltigen Böden und können ausgedehnte Trockenperioden gut überstehen, da ihre Wurzeln bis zu sechs Meter tief in den Boden eindringen, um an Wasser zu gelangen. Und selbst wenn ein Olivenbaum durch Feuer halb zerstört wird, kann er sich bei richtiger Pflege wieder erholen und erneut ausschlagen.

Olivenanbau als Wirtschaftszweig

Weltweit gibt es heute schätzungsweise 800 Millionen Olivenbäume. Weit über die Hälfte davon wachsen in Ländern der Europäischen Union. Die Weltolivenölproduktion beträgt etwa 2,4 Millionen Tonnen jährlich, wobei rund 80 Prozent des Olivenöls aus den EU-Staaten stammen.

Die wichtigsten Erzeugerländer für Olivenöl in Europa sind Spanien mit 45 Prozent, Italien mit 29 Prozent und Griechenland mit 23 Prozent Anteil. Aus Portugal stammen nur rund 2 Prozent und Frankreich trägt 1 Prozent bei. Weiterhin wird auch in der Türkei und Syrien sowie in Tunesien und Marokko Olivenöl erzeugt. Die Produktionsmengen in anderen Kontinenten sind im Vergleich zur europäischen Olivenölerzeugung verschwindend gering.

Der Olivenanbau weltweit

Kultivierung von Olivenbäumen

Olivenbäume sind sehr genügsame Pflanzen. Sie gedeihen am besten in porösen Kalkböden. Diese müssen gut durchlüftet und durchlässig sein, so dass es auf keinen Fall zu Staunässe kommen kann. Eine jährliche Niederschlagsmenge von 300 bis 700 mm ist ideal. Eine Höchsttemperatur von 40 °C sollte nicht überschritten werden. Optimal ist es, wenn das Anbaugebiet in Meeresnähe liegt und es im Winter keinen Frost gibt. Allerdings sind ältere Olivenbäume durchaus bedingt winterhart bis etwa -10 °C. Wichtig ist es, dass die Wurzeln durch den Frost keinen Schaden nehmen. Milde Winter mit mäßigen Regenfällen und trockene Sommer bescheren eine reiche Ernte.

Olivenplantage

Hintergrund

Zur Info

Olivenmuseum auf Kreta

Auf Kreta gibt es ein Olivenmuseum, das die langjährige Beziehung der Insel zur Olive und zum Olivenöl widerspiegelt. *Das Museum befindet sich in Kapsaliana, einer Siedlung, die früher im Besitz eines Klosters war. In der Zeit um 1600 wurde dort neben anderen Gebäuden die Ölpresse des Klosters errichtet. Heute hat man die Siedlung fast vollständig wieder aufgebaut und unter Denkmalschutz gestellt.*

Bewässerung

Betrachtet man die Olivenhaine in Spanien, Italien oder Griechenland, bekommt man einen Eindruck von der Anspruchslosigkeit der Bäume. Karge, steinige Böden in Gegenden, wo sonst nur Gestrüpp und magere Wiesen gedeihen, beherbergen häufig Olivenbäume so weit das Auge reicht. Da die Wurzeln bis zu sechs Meter in die Tiefe und zwölf Meter in die Breite wachsen können, sind die Bäume auch bei längerer Trockenheit in der Lage, aus dem Boden noch genügend Wasser zu ziehen. Ist der Sommer allerdings extrem trocken und heiß wie zum Beispiel im Jahr 2003, können sogar Olivenbäume darunter leiden und geringere Erträge bringen oder sogar dauerhafte Schäden davontragen. Daher werden auf vielen Plantagen Bewässerungsanlagen installiert, um die Bäume ausreichend mit Wasser zu versorgen, denn nur dann ist eine regelmäßige, gute Ernte gewährleistet. Der Wasserbedarf der Bäume nimmt im Laufe des Sommers bis zur Ernte zu.

Olivenhaine, die auf Hügeln und an Berghängen angelegt wurden, tragen erheblich zum Schutz vor Erosion bei.

Bei terrassenförmig angelegten Olivenhainen verhindern die Steinmauern ein Abrutschen des Erdbodens.

Die Bewässerung wird mit unterschiedlichen Methoden bewerkstelligt. Eine Möglichkeit ist das Verlegen von schwarzen Kunststoffschläuchen, die über die unteren Äste gehängt werden und sich die ganzen Baumreihen entlang ziehen. Die Bewässerung am Boden erfolgt entweder durch eine kreisförmig um den Stamm angelegte Mulde oder über Rinnen, die im gewissen Abstand zum Stamm angelegt sind und mit Wasser gefüllt werden, das dann allmählich in den Boden sickert und die Wurzeln gleichmäßig mit Feuchtigkeit versorgt.

Klima

Der Olivenbaum benötigt ein Klima mit warmen Sommern und kühlen Wintern. Die kalten Temperaturen im Winter sind erforderlich, damit sich Blüten bilden. Daher findet man Olivenbäume nur in den mediterranen und subtropischen Klimazonen, aber nicht in den eigentlichen Tropen.

Hintergrund

Das Schneiden der Bäume gehört zu den regelmäßigen Pflegemaßnahmen.

Vermehrung

Früher wurden Olivenbäume vermehrt, indem man wilde Ölbäume mit anderen Sorten durch Aufpfropfen veredelt hat. Später hat sich die Stecklingsvermehrung durchgesetzt.

Junge Olivenbäume tragen frühestens ab dem fünften oder sechsten Jahr, oft aber erst, wenn sie zehn Jahre und älter sind. Der Höchstertrag eines Baumes wird meistens erst im Alter von zwanzig Jahren erreicht. Bei richtiger Pflege kann der Baum dann aber über viele Jahrzehnte und sogar Jahrhunderte reiche Erträge bringen.

Pflegemaßnahmen

Die meisten Olivenbäume werden in großer Zahl in Form von riesigen Olivenhainen angebaut, in denen die Bäume normalerweise in Reihen angeordnet sind. Zu den erforderlichen Pflegemaßnahmen gehört bei Olivenhainen, die an Hängen angelegt wurden, das horizontale Furchen der Böden. Durch die horizontale Bearbeitung wird ein Wegschwemmen der Erde bei starken Regenfällen weitgehend vermieden.

Die zwischen den Bäumen wachsenden Pflanzen müssen entfernt werden, damit sie nicht mit den Olivenbäumen um die ohnehin knappen Ressourcen an Wasser und Nährstoffen konkurrieren. Diese Pflanzen werden von den Olivenbauern abgeschnitten, gehäckselt und wieder untergepflügt. Eine zusätzliche Versorgung mit Nährstoffen erfolgt auch durch eine Art Gründüngung. Stickstoff bindende Pflanzen werden zwischen den Bäumen ausgesät und später in den Boden eingearbeitet.

Durch den entsprechenden Schnitt lassen sich Olivenbäume auch in eine bestimmte Form bringen. So gibt es zum Beispiel kugelige oder hoch aufgerichtete Kronen oder Bäume mit zwei oder mehr Leitästen.

Olivenbäume werden auch regelmäßig geschnitten. Man unterscheidet den Fruchtschnitt von dem Erneuerungsschnitt. Der Fruchtschnitt erfolgt zur Ernte oder kurz danach, um die Bäume klein und produktiv zu halten. Der Erneuerungsschnitt wird bei alten, sehr hohen Bäumen durchgeführt, deren Produktivität nachgelassen hat. Der Schnitt erfolgt, wenn die Frostgefahr vorüber ist und bevor sich die neuen Blüten bilden, also meistens zwischen Februar und April. Am besten hat sich hierbei ein Kopfschnitt in 80 bis 100 cm Höhe bewährt, damit wieder viel Licht und Luft an die Blätter und Triebe gelangt.

Ein ausgewachsener Olivenbaum kann jährlich 40 bis 70 kg Früchte hervorbringen.

Beim Olivenbaum ist es wichtig, dass ein bestimmtes Verhältnis zwischen Trieben mit und ohne Blüten besteht, um einen möglichst hohen Ertrag zu erzielen. Olivenbauern wissen daher genau, wie viel sie aus ihren Bäumen herausschneiden müssen. Auch der Durchmesser der Äste beeinflusst die Anzahl der Blüten und somit der Früchte. Oliven bilden sich nur an Trieben des Vorjahres mit einem Durchmesser von 20 bis 50 mm. Je dicker die Äste sind, desto weniger Blüten haben sie.

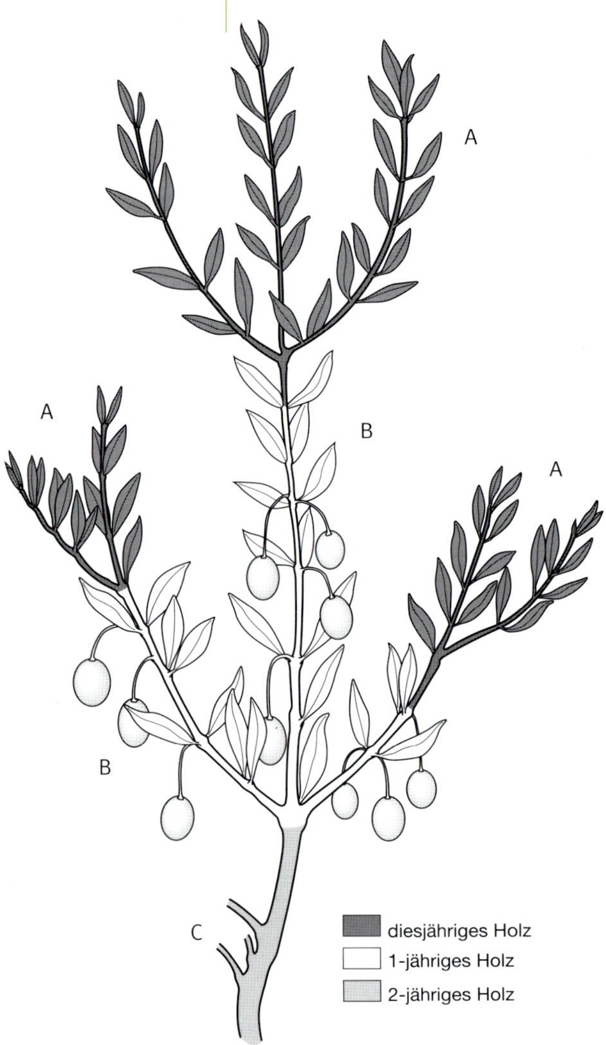

Der Fruchtansatz erfolgt an den Trieben des Vorjahres.
A: Neue Triebe
B: Triebe des Vorjahres mit Früchten
C: Triebe der vorletzten Saison

Olivenernte

In den Sommermonaten entwickeln sich aus den winzigen Blüten die Früchte. Ab August beginnt die Erhärtung des Samens im Innern. Bis Oktober sind die Früchte noch grün. Erst dann, wenn die Früchte fast ihre endgültige Größe erreicht haben, beginnt der Reifeprozess.

Oliven werden in der Regel in vollreifem Zustand geerntet, wobei die Ernte dann jeweils innerhalb von zwei Wochen vonstatten gehen muss. Den optimalen Reifegrad erkennt der Olivenbauer daran, dass die Oliven leicht bereift erscheinen.

Die Olivenernte erfolgt ab November und ist meist im Dezember abgeschlossen, obwohl es Sorten gibt, bei denen sich die Erntezeit bis in den Februar hineinzieht. Auch werden manchmal Oliven bewusst im unreifen Zustand geerntet, weil sie entweder als grüne Essoliven konserviert werden oder weil man aus ihnen ein besonders frisches Öl gewinnen möchte, das eine gewisse Schärfe besitzt und mehr Bitterstoffe enthält als Öl aus später geernteten Oliven. Sind die Oliven noch nicht ganz ausgereift, sind sie auch weniger empfindlich und werden bei der Ernte nicht so stark beschädigt.

Erntemethoden

Je nach Größe und Lage des Anbaugebietes und je nach Qualität und Verwendungszweck der Oliven gibt es unterschiedliche Erntemethoden.

Die herunter geschüttelten Oliven werden mit Netzen aufgefangen.

Am schonendsten und natürlich auch am aufwändigsten ist das Pflücken von Hand, wobei die Oliven nicht beschädigt werden. Diese Methode wird nur noch bei kleinen Anbaugebieten und niedrigen Bäumen angewandt oder wenn besonders hochwertige Qualität erforderlich ist. Oliven sind nämlich recht druckempfindlich. Außerdem wird der Oxidationsprozess bei beschädigten Früchten beschleunigt, so dass sie weniger lange haltbar sind.

Meistens werden die Oliven behutsam mit Harken vom Baum gestreift oder heruntergeschüttelt und in darunter liegenden Kunststoff- oder Leinennetzen aufgefangen. Bei entsprechend sorgfältiger Vorgehensweise wird auch bei dieser Methode ein Beschädigen der Früchte weitgehend vermieden.

Wird eine Qualitätsminderung der Früchte in Kauf genommen, weil sie ohnehin für industrielle Ölmühlen oder Raffinerien bestimmt sind, werden die Oliven auch mit Holzstangen (meistens aus Kastanienholz) von den Zweigen geschlagen.

Mittlerweile ist an die Stelle der traditionellen Handarbeit auch vielerorts der Einsatz von speziellen Rüttelmaschinen getreten. Hierbei wird der ganze Baum in Schwingung versetzt, wodurch die reifen Früchte herabfallen. Allerdings dürfen die Bäume für diese Methode eine gewisse Größe nicht überschreiten und müssen in einem entsprechend ausreichenden Abstand gepflanzt sein, damit die Maschinen durch die Plantagen fahren können. Auch eine zu steile Hanglage macht den Einsatz von Maschinen unmöglich.

Die herabgefallenen Oliven werden entweder in Netzen aufgefangen oder mit einer Art Sauger vom Boden aufgesammelt.

Die aufwändigen Erntemethoden machen zwischen 50 und 75 Prozent der Gesamtkosten bei der Produktion von Olivenöl aus. Daher ist es nicht verwunderlich, dass der Preis besonders bei den hochwertigen Ölen recht hoch ist.

Über 90 Prozent der Weltolivenernte wird für die Erzeugung von Olivenöl verwendet.

Die geernteten Oliven müssen möglichst schnell und luftig zur Ölmühle transportiert werden.

Ölgewinnung

Die geernteten Oliven müssen möglichst schnell zur Ölmühle transportiert und verarbeitet werden, damit sie durch die natürlich ablaufenden Oxidationsprozesse, welche wiederum durch Wärme und Beschädigung der Früchte beschleunigt werden, nicht verderben. Die Oliven werden häufig in Jutesäcke gefüllt, damit sie möglichst luftig transportiert werden können. Spätestens zwei Tage nach der Ernte sind die Oliven verarbeitet. Vor der Weiterverarbeitung werden die Früchte gewaschen und von kleinen Zweigen und Blättern gereinigt, denn wenn beim Pressen zu viele Blätter in den Olivenbrei geraten, wird das Öl bitter. Die Oliven kommen mitsamt den Kernen in die Presse, die Kerne bleiben dabei jedoch ganz.

Heutzutage wird Olivenöl nur noch durch Kaltpressung gewonnen.

Über 90 Prozent des Öls können in einem Pressvorgang gewonnen werden.

Prinzipiell hat sich an der Methode zur Ölgewinnung seit früher nicht viel geändert, außer dass die Maschinen moderner geworden sind und durch Strom angetrieben werden.

Traditionelle Methode

Früher wurden die Oliven mit schweren Mühlsteinen gepresst, von denen ein, zwei oder drei Stück von Hand oder mit Hilfe von Pferden oder Maultieren im Kreis gedreht wurden. Später wurden die Mühlsteine mit Maschinen angetrieben. Allerdings konnten früher auf diese Weise nur etwa 40 Prozent des Öls gewonnen werden. Diese Erstpressung wurde abgefüllt und als kalt gepresst bezeichnet. Anschließend gab man auf den restlichen Fruchtbrei heißes Wasser und presste ihn erneut. Das aus dieser Zweitpressung gewonnene Öl wurde als heiß gepresst gekennzeichnet. Heute gibt es dieses Verfahren der Heißpressung nicht mehr.

Bei den modernen Ölmühlen werden die Mühlsteine maschinell angetrieben und drehen sich in einem rostfreien Becken, wodurch die Früchte zu Brei verarbeitet werden. Anschließend wird dieser Brei in dünnen Lagen (etwa 3 cm dick) auf Filtermatten ausgebracht, die in eine hydraulische Presse gelegt werden. Mit einem Druck von 250 bis 400 kg pro Quadratzentimeter wird die Flüssigkeit herausgepresst und fließt gefiltert in einen Behälter, wo das Öl vom Wasser getrennt wird. Das leichtere Öl schwimmt auf der wässrigen Phase und kann abgeschöpft werden. Diese Methode wird allerdings nur noch von wenigen Betrieben angewandt, die dann dieses Öl als „affiorato“ bezeichnen. Meistens wird das Öl in einer Zentrifuge abgetrennt.

Dank der modernen, starken Pressen können heute über 90 Prozent des Öls in einem Pressvorgang gewonnen werden und machen somit eine Heißpressung überflüssig. Der ausgepresste Brei wird entweder an Raffinerien geliefert, die noch das restliche Öl daraus gewinnen, oder er wird als Viehfutter oder Dünger verwendet.

Die Ölgewinnung durch Mahlen und anschließendes Pressen wird oft als traditionelle Methode bezeichnet. Im Gegensatz dazu gibt es auch Verfahren, bei denen der Fruchtbrei nicht gepresst, sondern in großen Zentrifugen gedreht wird, um das Öl vom Fruchtfleisch abzutrennen. Qualitative oder geschmackliche Unterschiede des Öls gibt es bei den beiden Verfahren nicht.

Tropföl

Das Öl mit der allerhöchsten Qualität ist das so genannte Tropföl. Dieses Öl wird nicht durch einen Pressvorgang gewonnen, sondern ist das Öl, das vor dem eigentlichen Pressen schon abläuft, und zwar allein durch den Eigendruck, der von den Oliven erzeugt wird. Daher wird dieses Öl nur in sehr geringen Menge gewonnen und angeboten und hat natürlich auch einen dementsprechend hohen Preis. Tropföl hat ein besonders edles Aroma und sollte nur für ganz besondere Speisen oder Salate, wo die hervorragende Qualität auch wirklich zur Geltung kommt, verwendet werden.

Das Zermahlen der Früchte wird von Fachleuten als Kollern bezeichnet.

Bei der Erzeugung von extra nativem Olivenöl darf bei der Verarbeitung der Oliven eine Temperatur von 33 °C nicht überschritten werden.

Zur Info

Die Synolea-Methode

Die neueste maschinelle Methode zur Ölgewinnung ist die so genannte Synolea-Methode.

Spezielle Metallklingen werden in den Olivenbrei getaucht und wieder hochgezogen. Durch Kohäsion bleiben auf den Klingen Öltropfen hängen, die dann abgeleitet und gesammelt werden. Das auf diese Weise gewonnene Öl ist besonders hochwertig und kann über lange Zeit gelagert werden, ohne dass es verdirbt oder sein typisches Aroma verliert.

Sortenreine oder Cuvée-Öle

Es gibt sortenreines Olivenöl, das nur aus Früchten einer bestimmten Olivensorte gepresst wird, und es gibt Cuvée-Öl, das durch Verschneiden verschiedener Sorten entsteht. Hierfür gibt es zwei verschiedene Möglichkeiten: Entweder werden auf den Plantagen gemischt zwei bis vier Sorten angebaut und deren Früchte gemeinsam gepresst. Oder erst die fertigen Öle verschiedener Olivensorten werden gemischt. Das Verschneiden, also Mischen unterschiedlicher Sorten, bedeutet keine Qualitätsminderung, denn manchmal erhält das Öl gerade durch eine gelungene Mischung der verschiedenen Aromen unterschiedlicher Öle seinen markentypischen, gleich bleibenden Geschmack und eine besondere Fruchtigkeit.

Abfüllung und Lagerung

Noch bis vor nicht allzu langer Zeit wurde Olivenöl wie vor Jahrhunderten in speziellen Tonkrügen in dunklen und kühlen Vorratsräumen aufbewahrt. Mancherorts wurden die Gefäße auch bis zur Hälfte in den Boden eingegraben, vermutlich um eine kühle Temperatur zu gewährleisten. Auch heute gibt es noch Familien, die ihren Olivenölvorrat in den traditionellen Tonkrügen lagern. In der Regel wird aber heutzutage Olivenöl in rostfreien Spezialbehältern aufbewahrt, in denen das Öl ohne Qualitätsverlust längere Zeit gelagert werden kann.

Bevor das Öl abgefüllt wird und in den Handel kommt, wird es einer strengen Qualitätskontrolle unterzogen, indem im Labor 25 verschiedene Untersuchungen durchgeführt werden. Die Abfüllung erfolgt voll automatisiert unter sterilen Bedingungen und möglichst behutsam, damit nicht unnötig Luft und damit Sauerstoff in die Flaschen gelangt.

Bevor das Öl in den Handel kommt, wird es strengen Qualitätskontrollen unterzogen.

Den höchsten Pro-Kopf-Verbrauch an Olivenöl haben mit Abstand die Griechen mit 20 Litern pro Jahr. In Deutschland ist der Verbrauch immerhin schon auf knapp 1 Liter pro Kopf gestiegen.

Biologisch erzeugtes Olivenöl

Da Olivenbäume sehr widerstandsfähig sind und die Sorten sich oft schon über Jahrhunderte an die jeweiligen Standorte angepasst haben, sind kaum chemische Spritz- oder Düngemittel bei der Kultivierung erforderlich. In der Regel werden zur Reifezeit spezielle Mittel verwendet, die mögliche Schädlinge ähnlich wie ein Köder anlocken und abtöten. Beim biologischen Olivenanbau, der in den letzten Jahren stark zugenommen hat, werden überhaupt keine Mittel gegen Krankheiten oder Schädlinge und ebenso keine Dünger verwendet. Auch bei der Verarbeitung wird streng darauf geachtet, dass nur mechanische Pressmethoden angewandt werden. Andere Verfahren oder gar das Erhitzen der Oliven oder des Öls sind verboten. Die biologisch erzeugten Produkte unterliegen in der EU strengen Kontrollen. Biologisch erzeugtes Olivenöl muss als solches auf dem Etikett gekennzeichnet sein.

Olivensorten

Die auffälligsten Merkmale von Oliven sind Farbe und Größe. Der Verbraucher stellt sich dann häufig die Frage, worin nun eigentlich genau der Unterschied zwischen grünen, rötlichen oder schwarzen Oliven besteht.

Diese Farbunterschiede beruhen nicht, wie vielleicht zu vermuten, auf Oliven unterschiedlicher Sorten, sondern einfach auf unterschiedlichen Reifegraden. Alle Oliven sind im vollreifen Zustand dunkelviolett bis schwarz gefärbt. Viele Tafeloliven werden aber noch grün gepflückt und in diesem Zustand behandelt und konserviert (hierzu siehe nächstes Kapitel, Seite 23 ff).

Die verschiedenen Größen und Formen von Oliven sind dagegen von der Sorte abhängig. Leider kommen bei uns Oliven fast immer ohne Sortenbezeichnung in den Handel, so dass es schwer fällt, sich beim Einkauf daran zu orientieren. Kauft man aber in den Mittelmeerländern Oliven, vielleicht sogar direkt beim Erzeuger, bekommt man eher eine Auskunft über die jeweilige Sortenzugehörigkeit, Geschmack und Verwendung.

Wie viele Olivensorten es tatsächlich gibt, scheint nicht genau bekannt zu sein. In der Literatur findet man verschiedene Angaben hierzu. Manche reden von wenigen hundert, andere schätzen, dass es mehrere tausend Sorten gibt.

Jedes Erzeugerland hat seine eigene Sortenpalette, das heißt, eine italienische Olivensorte werden Sie in Griechenland nicht finden und umgekehrt. Außerdem haben sich in manchen Anbaugebieten, wie schon erwähnt, manchmal sehr lokal begrenzt einzelne Sorten an die jeweiligen Standortbedingungen angepasst.

Gordal ist eine besonders wohlschmeckende Sorte.

Aus der Sorte Hojiblanca wird besonders hochwertiges Öl gewonnen.

Die Kalamata ist eine bekannte Tafelolive.

Die Sorte Megaritiki gibt es in Grün und als schwarze Salzolive zu kaufen.

Stafidolies-Oliven reifen am Baum.

Bedeutende und häufige Olivensorten

Sortenname	Herkunftsland	Verwendung	Besonderheiten
Aragón	Spanien	Tafelolive	Mittelgroße, sehr weiche Früchte; besonders delikat
Arbequina	Spanien	Tafelolive Ölgewinnung	Sehr klein und weichfleischig; sehr gutes Aroma; vollreif dunkel blaugrün gefärbt; Öl mit fruchtigem Geschmack und leichter Bitternote
Ascolana tenera	Italien	Tafelolive Ölgewinnung	Sehr gute Tafelolive; hervorragendes, geschmacksintensives Öl
Coratina	Italien	Ölgewinnung	Öl mit kräftigem, starkem Eigengeschmack
Gaidourolia	Griechenland	Tafelolive	Stammt aus Chalkidiki; sehr groß, daher auch der Name "Eselsolive"
Gordal (auch Queens- oder Königin-Olive)	Spanien	Tafelolive	Hervorragender Geschmack; sehr große Früchte; weichfleischig; werden grün oder vollreif geerntet
Hojiblanca	Spanien	Ölgewinnung Tafelolive	Name wegen der weiß schimmernden Blattunterseite; Ölgehalt 25 %; bringt eines der besten Öle hervor mit ausgewogenem Aroma; Tafeloliven werden mit Eisengluconat geschwärzt
Kalamata-Oliven	Griechenland	Tafelolive	Eine der bekanntesten Tafeloliven; 3-6 g, schwarz, Ölgehalt 25 %; feste Früchte; werden angeschnitten und mit Essig und Salzwasser konserviert; wenig Bitterstoffe
Konservolia	Griechenland	Tafelolive	80 % aller griechischen Tafeloliven gehören zu dieser Sorte, die unter verschiedenen Lokalnamen angeboten wird; rund oder oval; 5-8 g, manchmal bis 12 g; in Salzwasser konserviert
Koroneiki	Griechenland	Ölgewinnung	Haupt-Öllieferant; zart duftendes, harmonisches Öl; oft mit leichtem Zitronenaroma
Kothreiki	Griechenland	Tafelolive Ölgewinnung	Ähnelt in Größe und Farbe der Sorte Konservolia
Louque	Frankreich	Tafelolive	Längliche Form; grün geerntet; wird durch Holzasche haltbar gemacht
Manzanilla	Spanien Israel	Tafelolive Ölgewinnung	Ausgewogenes Aroma; hervorragendes Öl, wird auch in Kalifornien und Neuseeland angebaut; häufig entsteint und mit Paprika gefüllt angeboten
Marmara	Türkei	Ölgewinnung	Mittelgroße, feste, sehr dunkle Früchte; angenehmer Olivenölgeschmack
Megaritiki	Griechenland	Tafelolive Ölgewinnung	Klein; grün eingelegt; schwarz als Salzolive angeboten

Bedeutende und häufige Olivensorten

Sortenname	Herkunftsland	Verwendung	Besonderheiten
Picholine	Frankreich	Tafelolive	Längliche Form; grün geerntet; wird durch Holzasche haltbar gemacht
Picual	Spanien	Ölgewinnung	Sehr häufig angebaute Sorte; Ölgehalt 27 %; Aroma mehr oder weniger fruchtig in Abhängigkeit von der Anbauregion
Rivera	Portugal	Tafelolive	Kleine, weichfleischige Früchte mit mildem Aroma
Stafidolies	Griechenland	Tafelolive	Braucht nicht verarbeitet zu werden, reift am Baum; kann mit etwas Salz oder Öl konserviert oder ohne Zusätze eingefroren werden; schwarz und runzelig
Taggiasca	Italien	Ölgewinnung	Eines der besten Öle Italiens; feiner Duft, fruchtiges Aroma
Throumba	Griechenland	Tafelolive	Verliert den bitteren Geschmack noch beim Reifen am Baum; Bitterstoffe werden von einem auf der Olive befindlichen Pilz umgewandelt; klein bis mittelgroß

Behandlung und Konservierung von Tafeloliven

Nur etwa 5 bis 10 Prozent aller geernteten Oliven werden als Speiseoliven vermarktet, der Rest dient der Ölgewinnung. Als Speiseoliven werden vorwiegend die großfrüchtigen Arten verwendet. Frisch geerntete Oliven sind – bis auf wenige Ausnahmen – ohne eine spezielle Behandlung nicht zum Verzehr geeignet. Denn Oliven enthalten viele Bitterstoffe, die durch verschiedene Verfahren den Früchten erst entzogen werden müssen, um sie genießbar zu machen. Nur bei einigen Sorten (wie zum Beispiel bei der griechischen Throumba) werden die Bitterstoffe schon in der Frucht abgebaut, während sie noch am Baum hängt. Oliven dieser aus Thassos stammenden Sorte werden später nur noch mit wenig Salz trocken eingelegt.

Eines der ersten dokumentierten Rezepte zum Konservieren von Oliven stammt von einem italienischen Botaniker aus dem 1. Jahrhundert n. Chr.

Speiseoliven werden entweder grün, halbreif oder vollreif geerntet. Als blonde Oliven werden die Früchte bezeichnet, die kurz vor der Reife geerntet werden und gerade beginnen sich rot oder braun zu verfärben.

Zur Info

Schwarze Oliven

Nicht alle schwarzen Oliven sind reif geerntet. Manche Olivensorten lassen sich im reifen Zustand nicht transportieren. Daher werden sie grün gepflückt und anschließend mit Eisengluconat behandelt, damit sie die gewünschte schwarze Farbe annehmen.

Eisengluconat wird auch als E 579 bezeichnet und ist zur Eisenanreicherung von Diätprodukten sowie zum Färben von Oliven zugelassen. Ein Verzehr ist unbedenklich. Bei diesem Stoff handelt es sich um ein Eisensalz der Gluconsäure. Er gilt nicht als Farbstoff, denn er bewirkt in den Lebensmitteln einen Oxidationsprozess, der zur Schwarzfärbung führt. Oliven, die mit Eisengluconat behandelt wurden, müssen als solche auf dem Etikett gekennzeichnet sein.

Hintergrund

Frische Früchte sind bei uns im Handel nicht zu finden, sondern nur direkt beim Erzeuger erhältlich. Wer also selber verschiedene Methoden zum Einlegen und Haltbarmachen ausprobieren möchte, muss sich vor Ort mit den frischen Oliven eindecken.

Vor der weiteren Verarbeitung müssen die Früchte verlesen und gewaschen werden. Nur makellose Oliven sollten eingelegt werden, damit sie möglichst lange haltbar sind. Die frischen Oliven halten sich nur wenige Tage und sollten gekühlt gelagert werden. Am besten kauft man sie also kurz vor der Heimreise oder legt sie noch am Urlaubsort in Salzlake oder Salz ein (siehe rechts).

Egal ob man selber Oliven einlegt oder sie fertig eingelegt kauft, sollte man die konservierten Früchte zum Aufbewahren immer mit einer Schicht Olivenöl bedecken. Durch den so erzielten Luftabschluss wird Schimmelbildung und ein vorzeitiges Verderben verhindert.

Oliven können im unreifen und im reifen Zustand eingelegt werden.

Einlegen in Salzlake

Um den Oliven die Bitterstoffe zu entziehen, gibt es verschiedene Methoden. Am häufigsten legt man sie in Salzwasser ein. Manchmal werden zuvor die makellosen Früchte an zwei Seiten mit einem Messer eingeritzt. Dabei ist wichtig, dass der Samen nicht verletzt wird. Dann werden die Oliven in eine Salzlake aus 1 l Wasser und 100 g Salz (reicht für etwa 1 kg Früchte) eingelegt. Je nach Sorte und Menge der Bitterstoffe verbleiben die Oliven bis zu sechs Wochen in der Salzlake, wobei diese regelmäßig gewechselt wird. Während der Behandlung mit Salz erfolgt quasi automatisch auch eine Milchsäuregärung, die für einen leicht säuerlichen Ge-

schmack sorgt, die Haltbarkeit verbessert und den Gehalt an wertvollen Inhaltsstoffen erhöht.

Sollen die Oliven später weniger salzig schmecken, wird die Salzmenge allmählich reduziert und der Lösung wird Essig zugesetzt. Je nach Geschmack können dann auch schon die unterschiedlichsten Gewürze und Kräuter zugegeben werden.

Großfrüchtige Sorten werden im Handel auch häufig gefüllt angeboten. Nach der Behandlung mit Salzlake werden die Früchte entkernt und mit Stückchen roter Paprika, Mandeln, Perlzwiebeln, Knoblauch, Frischkäse oder Sardellen gefüllt.

Die behandelten Oliven werden schließlich in der gewürzten Salzlake abgefüllt oder in Olivenöl eingelegt und dadurch konserviert. Durch das Einlegen in Öl wird der Geschmack etwas milder und die Früchte werden etwas weicher. Außerdem lässt sich das Olivenöl, das auch von sehr guter Qualität sein muss, in der Küche mitverwenden.

Trocken in Salz einlegen

Bestimmte Sorten, die bis zur Vollreife am Baum belassen werden, können auch ohne Flüssigkeit in Salz eingelegt werden. Am besten legt man hierfür die Früchte in einen Korb mit reichlich Meersalz und schichtet täglich um. Nach etwa drei Wochen ist den Oliven das Wasser und mit ihm die Bitterstoffe entzogen und sie sind schrumpelig geworden. Sie werden dann als Runzeloliven bezeichnet. In diesem Zustand sind die Oliven kühl aufbewahrt gut haltbar und werden vorwiegend mit Brot zu Wein gereicht oder dienen als Pizzabelag.

Beim industriellen Einlegen in Salz werden die Früchte zunächst für ein bis zwei Minuten mit 90 bis 95 °C heißem Wasser überbrüht. Dann werden sie abgetropft in Kunststofffässer abwechselnd lagenweise mit Salz eingeschichtet. Hierfür benötigt man etwa ein bis zwei Prozent des Gewichtes der Oliven an Salz. Die Oliven bleiben nur etwa zwei bis drei Tage in den Fässern.

Als „Oliven à la grecque“ bezeichnet man Früchte, die mehrfach eingestochen und trocken gesalzen werden.

Eingeschnittene Oliven

Hierfür werden grüne Oliven vorsichtig zerdrückt, ohne dass der Stein verletzt wird. Dann werden sie zehn Tage lang gewässert bei täglichem Wasserwechsel, anschließend in Salzlake eingelegt und mit Zitronensaft und Kräutern gewürzt.

Zur Info

Runzeloliven in Salzlake

Es gibt noch eine andere Methode Runzeloliven herzustellen: das Einlegen in salzige Lake.

Hierfür werden reife Oliven in einem Behälter so lange durcheinander gerüttelt, bis die Haut leicht angeschlagen ist und rissig wird. Anschließend werden die Früchte für wenige Wochen in acht- bis zehnprozentige Salzlake eingelegt. Danach wird die Lake noch zwei bis dreimal gegen eine zweiprozentige Lösung ausgetauscht, in der die Früchte jeweils ein bis zwei Wochen belassen werden. Zum Schluss wird wieder achtprozentige Salzlake verwendet, der dann auch schon weitere Gewürze oder Kräuter zugesetzt werden.

Behandlung mit Holzasche

Es gibt Olivensorten, die nur grün geerntet und durch Einlegen in Holzasche genießbar gemacht werden. Hierfür verrührt man Holzasche mit Wasser zu einer dickflüssigen Paste. Die abgewogenen Oliven werden in einem großen Behälter mit der gleichen Menge Paste verrührt und mindestens für zehn Tage stehen gelassen. Dann prüft man, ob die Früchte schon weich geworden sind. Kann man sie mit dem Fingernagel leicht bis zum Kern einritzen, sind sie weich genug für die weitere Behandlung. Die Oliven werden dann aus der Holzasche genommen und abgespült. Sie werden zehn Tage lang gewässert, wobei das Wasser täglich gewechselt wird. Anschließend werden sie in Salzlake, wie oben beschrieben, eingelegt und sind dann nach etwa einer Woche schon essbar. Sie können in der Lake aber auch länger (bis zu einem Jahr) aufbewahrt werden.

Wer es weniger salzig möchte, ersetzt nach ein bis zwei Monaten einen Teil der Salzlake durch Wasser.

In Salzlake konservierte Oliven sollte man vor dem Verzehr abspülen und abtropfen lassen. Wer möchte, kann sie anschließend je nach Geschmack mit Knoblauch, Kräutern oder Gewürzen und Öl verfeinern.

Am Baum gereifte Oliven

Das Holz des Olivenbaums

Auch wenn Olivenbäume hauptsächlich wegen der Früchte und des daraus gewonnenen Öls kultiviert werden, so wird auch das Holz durchaus wirtschaftlich genutzt. Olivenbäume wachsen sehr langsam und ihr Holz ist besonders hart und auch entsprechend wertvoll. Seine Färbung reicht von schwarz über braun bis honigfarben. Meist wird nur das Holz von Bäumen verwertet, die keinen Ertrag mehr bringen und vielleicht schon mehrere hundert Jahre als sind. Schon bei Homer wurde die Herstellung von Möbeln aus Olivenbaumholz beschrieben. So schlief Odysseus auch in einem Bett aus diesem schönen Holz.

Heutzutage werden aus Olivenbaumholz weniger Möbel angefertigt, sondern eher kleinere Dekorationsgegenstände und Skulpturen, Salatschüsseln, Salatbestecke, Korkenziehergriffe oder kleine Schatullen. Wenn Sie beispielsweise ganz stilecht ein mediterranes Menü präsentieren möchten, servieren Sie den Salat doch einmal in einer Schüssel und mit einem Salatbesteck aus Olivenbaumholz.

Der Vorteil von Küchenhelfern aus Olivenbaumholz ist deren Robustheit. Sie sind sehr hart und stabil, schonen aber dennoch empfindliche Oberflächen und verkratzen weder Holzschüsseln noch beschichtete Pfannen und Töpfe.

Salatschüssel und Salatbesteck aus Olivenholz

Olivenbaumholz wird aber auch noch in ganz anderen Bereichen verwendet. So gibt es spezialisierte Instrumentenmacher, die alte Musikinstrumente wie zum Beispiel Flöten aus Olivenbaumholz herstellen.

Als Brennstoff wird Holzkohle aus Olivenbaumholz für Wasserpfeifen verwendet und soll ein ganz besonderes Aroma erzeugen.

Übrigens wurde die Fackel für die Olympischen Spiele 2004 in Athen auch aus Olivenbaumholz und aus Metall angefertigt und hat die Form von Olivenblättern.

Anzucht und Pflege

Anzucht und Pflege

Mediterranes Flair

Viele Mittelmeerbesucher kennen die knorrigen Olivenbäume aus dem Urlaub. Wir verbinden mit ihnen die angenehmen Seiten der schönsten Zeit des Jahres wie Sonne, Meer, köstliches Essen und guten Wein. Mit einem kleinen Olivenbäumchen, aus dem Urlaub mitgebracht oder in der Gärtnerei gekauft, können Sie sich ein kleines Stück Urlaub und ein bisschen mediterranes Flair nach Hause holen. Die Pflege ist gar nicht schwer. Und wer viel Geduld hat, kann sich sogar ein Olivenbäumchen aus Samen ziehen.

Olivenbäumchen selber ziehen

Es gibt verschiedene Methoden, zu einem eigenen Olivenbäumchen zu kommen. In vielen Gärtnereien werden die Bäumchen mittlerweile angeboten, oder man bringt sich eines als Souvenir vom Lieblings-Urlaubsort mit. Besonders reizvoll ist jedoch die eigene Anzucht. Hierfür gibt es einige Möglichkeiten.

Olivenbäumchen können als Kübelpflanzen im Sommer auf der Terrasse stehen.

Anzucht aus Samen

Auch wenn viele der bei uns erhältlichen Oliven mit Kern angeboten werden, sind sie dennoch nicht für die Anzucht geeignet, da alle Früchte durch verschiedene Methoden haltbar gemacht wurden und dadurch der Samen seine Keimfähigkeit verloren hat. Daher kann man nur Olivenbäumchen aus Samen ziehen, wenn einem frische, unbehandelte Oliven zur Verfügung stehen, denen man die Samen entnehmen kann, oder wenn man direkt beim Samenhändler das Saatgut bestellt.

Frische Oliven kommen bei uns nicht auf den Markt, deshalb kann man sich nur selber die Samen beschaffen, wenn man zur richtigen Zeit in einem der Anbauländer Urlaub macht und unter den Bäumen nach herabgefallenen Früchten sucht. Auch wenn die Reifezeit (November/Dezember) schon vorüber ist, sollte man trotzdem einen Blick unter die Olivenbäume werfen. Denn meistens findet man dort noch viele eingetrocknete Früchte und sogar schon gekeimte Samen oder kleine Sämlinge. Trockene Früchte oder Sämlinge werden am besten in einer Tüte mit etwas feuchter Erde aufbewahrt, bis man sie zu Hause einpflanzen kann. Frische Früchte überstehen den Transport nach Hause meistens auch ohne feuchte Lagerung unbeschadet.

Für die Anzucht aus Samen verwendet man am besten Torfpellets.

Zum Aussäen muss der Samen gründlich von dem Fruchtfleisch befreit werden, weil es sonst zu Fäulnis- oder Schimmelbildung kommt. Die Samen werden einzeln in kleine Töpfe mit lockerer, nährstoffarmer Anzuchterde oder in spezielle Torfpellets (Torfquelltöpfchen), die man zuvor in lauwarmem Wasser aufquellen lässt, gesetzt. Man legt sie waagerecht hin, so wie sie auch in der Natur auf den Boden fallen würden. Wichtig ist, dass die Erde möglichst keimfrei ist und der pH-Wert nicht über 7 liegt. Die Samen werden 0,5 bis 1 cm dick mit Erde bedeckt. Um die Keimung zu beschleunigen, können die Samen vorsichtig an der Seite angeritzt oder angefeilt werden. Schon gekeimte Samen oder Sämlinge werden ebenso in keimfreie Anzuchterde gesetzt und möglichst hell und warm gestellt. Die Temperatur sollte auf alle Fälle über 20 °C, besser um die 25 °C betragen. Das Substrat sollte zwar immer leicht feucht sein, es darf aber auf keinen Fall Staunässe entstehen, da sonst die empfindlichen Wurzeln faulen.

Der Topf sollte nicht zu groß gewählt werden, damit das Substrat gut durchwurzelt werden kann.

Die Sämlinge sollten an einem hellen Platz stehen, weil sie sonst vergeilen, das heißt, die Triebe werden aufgrund von Lichtmangel zu lang und dünn. In den ersten Monaten muss überhaupt nicht gedüngt werden, da die Pflänzchen den Samen noch genügend Nährstoffe entziehen können. Erst nach zwei bis drei Monaten, wenn sich schon ein kräftiges Pflänzchen entwickelt hat, wird sparsam mit Flüssigdünger gedüngt, und zwar nur etwa mit einem Viertel der Menge, die bei normaler Dosierung empfohlen wird.

Junge Olivenbäumchen stellt man in der warmen Jahreszeit am besten nach draußen, zunächst an einen halbschattigen Ort, und gewöhnt sie allmählich an die Sonne, bis sie auf Dauer in der prallen Sonne stehen können. Umgetopft werden muss, wenn die Erde gut durchwurzelt ist. Dabei setzt man den Erdballen in einen etwas größeren Topf, der schon Erde enthält, und füllt an den Seiten mit Substrat auf, damit die Wurzeln möglichst wenig in Mitleidenschaft gezogen werden.

Vermehrung durch Stecklinge

Olivenbäumchen können auch vegetativ durch Stecklinge oder Abmoosen vermehrt werden. Grundsätzlich kann man sagen, dass bei Pflanzen, die regelmäßig geschnitten werden, eine vegetative Vermehrung gut funktioniert. Dies trifft auch für Olivenbäume zu.

Um die Wurzelbildung zu beschleunigen, taucht man das untere Ende der Stecklinge in Bewurzelungshormon.

Frische Stecklinge kann man sich aus dem Urlaub mitbringen oder von einem als Kübelpflanze gezogenen Olivenbaum abnehmen. Die beste Zeit dafür sind der Juni und der Juli. Die Stecklinge werden vom halbreifen Holz, also Zweigen, die gerade beginnen sich zu verholzen, abgenommen und direkt unter einem Auge gerade abgeschnitten. Die Stecklinge sollten etwa 2 bis 4 cm Durchmesser haben und 25 bis 30 cm lang sein. Vor dem Einpflanzen werden die unteren Blättchen entfernt.

Die Stecklinge werden nun senkrecht in ein feuchtes Torf-Sand-Gemisch gesteckt. Anschließend deckt man sie mit einer Folie ab, damit das Substrat nicht austrocknet. Die Substrattemperatur sollte zwischen 25 und 30 °C betragen. Es kann einige Wochen dauern, bis sich Wurzeln gebildet haben. Um die Wurzelbildung zu beschleunigen, kann man das untere Ende des Stecklings in Bewurzelungshormon (Pulver, im Fachhandel erhältlich) tauchen. Sobald sich Wurzeln gebildet haben, wird das Pflänzchen in durchlässiges Substrat umgetopft und warm und hell gestellt. Hat sich die Pflanze gut entwickelt und Blätter gebildet, kann sie einen sonnigen Standort erhalten.

Grundsätzlich lassen sich auch Olivenbäume aus Wurzelteilen heranziehen, die man von einem nicht veredelten Olivenbaum abnimmt und gleich in ein Beet oder direkt an den späteren Standort pflanzt. Da bei uns die Beschaffung von Wurzelteilen problematisch ist und dazu die Bäume eher in Kübeln gezogen werden, ist diese Methode für den Hobbygärtner weniger zu empfehlen.

Vermehren durch Abmoosen

Beim Abmoosen erfolgt die Bewurzelung der Stecklinge, während diese noch mit der Mutterpflanze in Verbindung stehen. Hierzu schneidet man einen Ast mit einem scharfen Messer schräg ein, so dass noch etwa ein Drittel des Durchmessers stehen bleibt. In den Spalt klemmt man ein kleines Stück Plastik oder Ähnliches, damit er nicht wieder zusammenwächst. Um die Einschnittstelle wickelt man dann Sphagnum-Moos und befestigt es mit feinem Draht. Das Moos wird angefeuchtet und mit einer Umhüllung aus Plastikfolie vor dem Austrocknen geschützt. Nach ein paar Wochen oder manchmal auch erst Monaten bilden sich an der Schnittstelle Wurzeln. Um dies kontrollieren zu können, muss man gelegentlich das Moos kurz entfernen. Sobald sich genügend Wurzeln gebildet haben, wird der bewurzelte Steckling vollständig von der Mutterpflanze abgetrennt und in gut durchlässiges Substrat gepflanzt. Anfangs empfiehlt sich ein warmer Standort und eine hohe Luftfeuchtigkeit. Die weitere Pflege erfolgt dann wie unten beschrieben.

Sphagnum-Moos ist im Gartenfachhandel erhältlich und sollte möglichst sauber sein.

Vermehren durch Absenker

Im kommerziellen Olivenanbau werden Olivenbäume auch durch Absenker vermehrt. Im zeitigen Frühjahr oder im Herbst werden hierfür Triebe seitlich im Bogen über die Erde geführt und so mit einem Pflock im Boden befestigt, dass das Triebende noch ein Stück weit senkrecht aus dem Substrat ragt. Es wird sofort mit einem Stab gestützt. Um die im Boden befestigte Stelle wird lockere Erde angehäufelt, das fördert die Wurzelbildung. Wenn der Absenker Wurzeln gebildet hat, wächst und selber neue Triebe bildet, kann die Verbindung zur Mutterpflanze durchtrennt werden. Diese Methode eignet sich für den Hobbygärtner weniger.

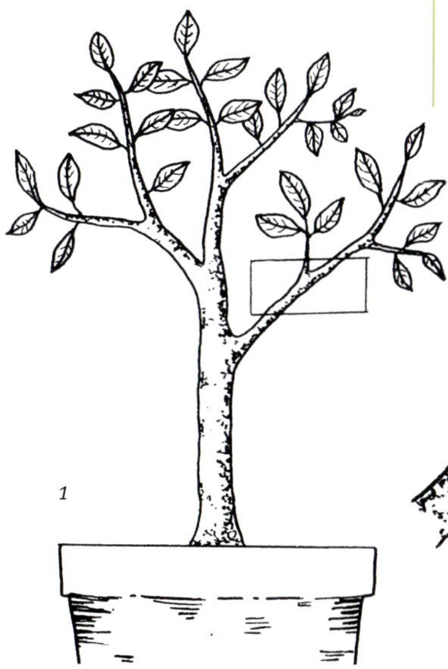

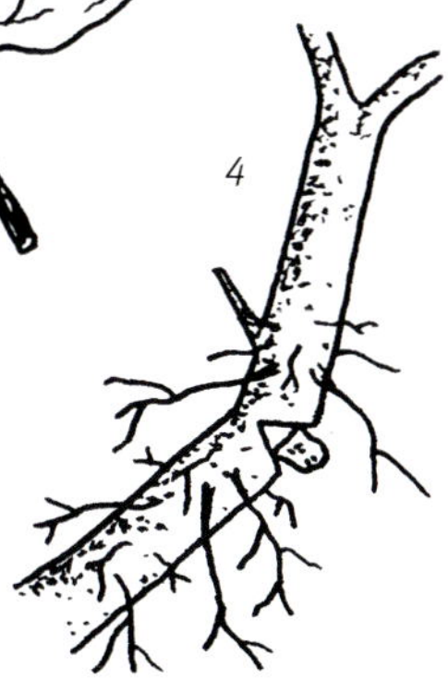

Abmoosen: 1 Ein Zweig wird schräg eingeschnitten.
2 Ein Stück Plastik verhindert, dass der Spalt wieder zusammenwächst.
3 Die mit Moos umwickelte Stelle wird mit Plastikfolie abgedeckt.
4 Die Wurzelbildung ist erfolgt.

Die richtige Pflege

Ein Olivenbaum benötigt das ganze Jahr über einen hellen und sonnigen Platz. Nach den letzten Frösten, also etwa ab Mai bis Anfang Oktober stellt man den Olivenbaum am besten nach draußen an einen sonnigen Standort.

Feuchtigkeit und Temperatur

Da der Olivenbaum in seinem natürlichen Lebensraum an längere Trockenperioden gewöhnt ist, wird er auch als Kübelpflanze nur mäßig gegossen. Das Substrat darf leicht feucht sein, aber auf keinen Fall durchnässt. Staunässe ist unbedingt zu vermeiden. Zwischendurch darf der Erdballen ruhig einmal trocken werden.

Im Winter benötigt der Olivenbaum einen hellen, frostfreien Platz. Die ideale Überwinterungstemperatur liegt um die 10 °C; Zimmertemperatur eignet sich weniger. Jetzt wird das Gießen noch etwas mehr reduziert, sollte aber nicht völlig vergessen

Olivenbäumchen bevorzugen sonnige Standorte.

Olivenblüten

werden, damit der Baum nicht vertrocknet. Denn gerade in den Wintermonaten fällt in den Heimatländern des Olivenbaums mehr Niederschlag als im Sommer. In Gegenden mit mildem Klima können größere Olivenbäume den Winter auch draußen überstehen. Bis –10 °C tragen die meisten Bäume keinen Schaden davon. Allerdings sollte man die Wurzeln besonders vor Frost schützen, indem man den Kübel beispielsweise in eine große Kiste stellt, die mit Zeitungspapier oder Laub aufgefüllt wird.

Dünger

Der Olivenbaum ist bezüglich des Nährstoffbedarfs recht genügsam. Während der Wachstumsphase, also von März/April bis Anfang August, reicht eine Gabe von Flüssigdünger alle zwei bis drei Wochen aus. Ab August werden die Düngegaben allmählich reduziert und bis zum Winter ganz eingestellt.

Substrat

Der Olivenbaum sollte nicht zu oft umgetopft und in zu große Töpfe gesetzt werden. Ein Umtopfen alle zwei bis drei Jahre reicht meistens aus. Als Substrat verwendet man mit Torf oder Kompost verbesserte Gartenerde. Wichtig ist eine gute Durchlässigkeit. Ein zu hoher Nährstoffgehalt des Substrates schadet der Pflanze und sollte vermieden werden.

Fruchtansatz

Ein aus Samen gezogenes Olivenbäumchen braucht etwa zehn Jahre, bis es zum ersten Mal Früchte trägt. Es kann auch sein, dass es nicht jedes Jahr blüht und Früchte trägt. Durch vegetative Vermehrung gezogene Bäume kommen schon ein paar Jahre eher zum Fruchten. Da aber in unseren Breiten die Sommer in der Regel zu kurz und nicht warm genug sind, reifen die Früchte ohnehin nicht vollständig aus.

Ein besserer Fruchtansatz ist gegeben, wenn mehrere Bäume verschiedener Sorten beieinander stehen. Bei Bestäubung mit Fremdpollen werden mehr und auch größere Früchte gebildet.

Erziehung und Schnitt

Als Zierpflanze muss ein Olivenbaum kaum geschnitten und erzogen werden. So kann sich der Mitteltrieb natürlich entwickeln.

Wird der Baum in milden Gegenden für die Fruchtproduktion gepflanzt, erzieht man ihn am besten zu einem Buschbaum mit einer offenen Krone auf einem 90 bis 150 cm hohen Stamm und flachen, ausladenden Ästen, um die Ernte zu erleichtern. Hierfür schneidet man den Baum im Frühsommer bis auf die obersten drei oder vier bestplatzierten Triebe zurück. Sie werden um 5 bis 8 cm über einem nach außen weisenden Auge gekürzt und bilden später die Leitäste des Baumes. Im Frühsommer des Folgejahres werden die Triebe pro Leitast auf zwei bis drei reduziert und etwa um 10 cm gekürzt.

Achten Sie beim Schnitt darauf, dass die Klingen der Schere scharf und sauber sind.

Regelmäßig im Frühsommer werden aufrecht wachsende Triebe und Stockausschläge entfernt, damit die Krone offen bleibt.

Bei tragenden Bäumen kann es häufig erforderlich sein, den Fruchtansatz auszudünnen, damit die Oliven groß werden und richtig ausreifen. Außerdem kann es passieren, dass der Baum nur noch alle zwei Jahre Früchte bildet, wenn zu viele Oliven an den Ästen hängen. Allerdings dürfte dieses Problem bei in unseren Breiten gezogenen Pflanzen kaum auftreten.

Der Olivenbaum als Bonsai

Olivenbäume eignen sich auch hervorragend, um als Bonsai gezogen zu werden. Die Standortbedingungen und der Nährstoffbedarf ähneln denen von normalwüchsigen Kübelpflanzen. Im Sommer können sie an einen sonnigen Platz draußen gestellt werden. In der kalten Jahreszeit werden sie hell zwischen 6 und 14 °C überwintert. Vom Frühjahr bis zum Herbst sollte die Erde leicht feucht gehalten werden, wobei sie zwischendurch ru-

Die in ihren natürlichen Verbreitungsgebieten vorkommenden Wildformen des Olivenbaums haben kleinere Blätter als die kultivierten Formen und sind daher für die Bonsaigestaltung besser geeignet.

hig abtrocknen darf. Im Winter werden die Trockenzeiten noch etwas verlängert. Von Frühjahr bis Herbst wird etwa alle zwei bis drei Wochen mit einem speziellen Bonsaidünger gemäß den Herstellerangaben gedüngt. Im Winterhalbjahr wird nicht gedüngt.

Jungpflanzen werden alle zwei Jahre im zeitigen Frühjahr kurz vor dem Austrieb umgetopft, wobei auch der Wurzelschnitt erfolgt. Ältere Bonsais brauchen nur alle drei bis fünf Jahre umgetopft zu werden. Als Substrat eignet sich die im Handel erhältliche Bonsai-Erde. Man kann auch das Substrat aus Lehm, Torf, Sand und Komposterde im Verhältnis 1:2:1:1 selber mischen.

Der Schnitt erfolgt am besten im Sommer, wenn die Triebe leicht zu verholzen beginnen. Dann kann der Neuaustrieb zurückgenommen werden. Dies ist auch die richtige Zeit, um eine Formkorrektur durch Drahten durchzuführen. Beim richtigen Schnitt ist das Drahten allerdings meistens nicht erforderlich.

Beim Drahten sollten die Triebe nicht zu stark gebogen werden, da sonst Bruchgefahr besteht.

Olivenbäume lassen sich in fast allen Bonsai-Stilformen gestalten. Besonders beliebt sind die aufrechten Formen. Grundsätzlich ist aber auch eine Kaskaden- oder Halbkaskadenform möglich. Auch was die Größe anbelangt, kann der Olivenbonsai individuell gestaltet werden. Er wirkt sowohl als sehr kleiner Bonsai, kann aber auch mit etwa 1 Meter Höhe gezogen werden, wobei besonders der knorrige Stamm mit seinen skurrilen Formen zur Geltung kommt.

Übrigens lassen sich Bonsais ebenso wie „normal" große Olivenbäume durch Samen, Stecklinge oder Abmoosen vermehren.

Für weitere Informationen zu Pflege und Schnitt sei an dieser Stelle auf die spezielle Literatur über Bonsais verwiesen.

Olivenbäume lassen sich auch als Bonsai ziehen.

Fit und Gesund

Fit und Gesund

Lebenselixier Olivenöl

Olivenöl ist das einzige Speiseöl, das aus dem Fruchtfleisch, dem so genannten Mesokarp, und nicht aus den Samen einer Pflanze gewonnen wird. Somit erklärt sich die einzigartige Zusammensetzung des Öls und der hohe Gehalt von 77 Prozent ungesättigten Fettsäuren. Die zahlreichen gesundheitsfördernden Stoffe sind allerdings nur in den hochwertigen nativen Ölen enthalten, da sie ohne Zusätze und ohne Erwärmung aus den frischen Früchten gewonnen werden. Natürlich finden sich in Oliven dieselben gesundheitsfördernden Stoffe, wobei sie noch zusätzlich Kohlenhydrate, Spurenelemente und wertvolle Ballaststoffe enthalten.

Olivenöl, Cholesterin und koronare Herzerkrankungen

In den westlichen Industrieländern sind Herz-Kreislauf-Erkrankungen neben Krebs die häufigste Todesursache. Abgesehen von genetisch bedingten Veranlagungen für bestimmte Erkrankungen sind es häufig Lebensweise und Ernährung, die sol che Krankheiten begünstigen. Besondere Risikofaktoren sind neben mangelnder Bewegung und übermäßigem Alkohol- und Nikotinkonsum eine zu fettreiche Ernährung, die wiederum häufig zu Übergewicht, Bluthochdruck und manchmal sogar Diabetes führt – weitere Risikofaktoren für einen Herzinfarkt.

LDL- und HDL-Cholesterin

Es ist heute erwiesen, dass es einen ursächlichen Zusammenhang zwischen erhöhten LDL-Cholesterinwerten und Arteriosklerose sowie der Entwicklung koronarer Herzerkrankungen gibt. Das HDL-Cholesterin wird oft als „gutes" Cholesterin bezeichnet, weil ein hoher Gehalt davon vor Herz-Kreislauf-Erkrankungen schützt.

LDL ist die Abkürzung des englischen Begriffes für „Lipoprotein niedriger Dichte". Im Gegensatz dazu ist das HDL ein „Lipoprotein hoher Dichte". Diese Lipoproteine dienen als Transportmoleküle für das Cholesterin und befördern es in Organe und

Olivenöl ist das gesündeste aller Fette.

Zellen, wo es wichtige Aufgaben zu erfüllen hat. Das im üblichen Sprachgebrauch als „schlechtes“ Cholesterin bezeichnete LDL-Cholesterin ist in seinem ursprünglichen Zustand eigentlich gar nicht schädlich. Wird das LDL aber durch Oxidation chemisch verändert, kann es sich an der Arterienwand ablagern und somit zu Arteriosklerose führen und dadurch die Herzinfarktgefahr erhöhen. Diese Oxidation ist eine Art Kettenreaktion, die durch reaktive Sauerstoffatome, auch als freie Radikale bezeichnet, ausgelöst wird. Wie empfindlich das LDL gegenüber einer Oxidation ist, wird durch körpereigene und äußere Faktoren bestimmt. Als äußerer Faktor spielt besonders die Ernährung eine Rolle.

Menge und Zusammensetzung des Nahrungsfettes beeinflussen die Menge der in der Arterienwand abgelagerten LDL-Partikel. Werden nämlich die in der Nahrung enthaltenen gesättigten Fettsäuren durch einfach und mehrfach ungesättigte Fettsäuren ersetzt, sinkt der LDL-Gehalt im Plasma und somit sind weniger Moleküle vorhanden, die oxidieren und sich an der Arterienwand ablagern können.

Auch die Oxidationsempfindlichkeit der LDL-Teilchen wird durch ihre Fettsäurezusammensetzung beeinflusst. Olivenöl enthält viele einfach ungesättigte Fettsäuren (MUFA), die chemisch wesentlich stabiler sind als mehrfach ungesättigte (PUFA). Bestehen die LDL-Partikel vorwiegend aus den einfach ungesättigten Fettsäuren, sind sie besser vor Oxidation geschützt. Dieser antioxidative Schutz wird noch durch andere im Olivenöl enthaltene Substanzen wie sekundäre Pflanzenstoffe und Vitamine verstärkt (siehe unten).

Zur Info

Abkürzungen in der Fachsprache

Wird in der Literatur über die gesundheitsfördernde Wirkung von Olivenöl berichtet, werden häufig folgende der englischen Sprache entliehenen Abkürzungen verwendet:

- *LDL-Cholesterin = **L**ow **D**ensity **L**ipoprotein Cholesterol; wird im Allgemeinen als das „schlechte“ Cholesterin bezeichnet*
- *HDL-Cholesterin = **H**igh **D**ensity **L**ipoprotein Cholesterol; wird im Allgemeinen als das „gute“ Cholesterin bezeichnet*
- *SAFA oder SFA = **S**aturated **F**atty **A**cids = gesättigte Fettsäuren*
- *MUFA = **Mono**u**n**saturated **F**atty **A**cids = einfach ungesättigte Fettsäuren*
- *PUFA = **Poly**u**n**saturated **F**atty **A**cids = mehrfach ungesättigte Fettsäuren*

Die Sieben-Länder-Studie

Die vermutlich berühmteste epidemiologische Langzeituntersuchung über die Beziehung zwischen mediterraner Ernährungsweise, bei der Olivenöl eine maßgebliche Rolle spielt, und koronarer Herzkrankheit ist die so genannte Sieben-Länder-Studie. Die Studie wurde in den frühen 1960er-Jahren begonnen und dauerte 15 Jahre. Fast 13 000 Männer im Alter von 40 bis 59 Jahren (zu Beginn der Studie) aus sieben Ländern nahmen an der Studie teil. Die Länder waren

Sowohl die vielen einfach ungesättigten Fettsäuren als auch andere Inhaltsstoffe der mediterranen Kost schützen vor Herz-Kreislauf-Erkrankungen.

Oliven und Olivenöl sind wichtige Bestandteile der Mittelmeerdiät.

Italien, Griechenland, das ehemalige Jugoslawien, die Niederlande, Finnland, die USA und Japan. Die Probanden wurden im Laufe der 15 Jahre immer wieder über ihre Ernährungsgewohnheiten befragt. Zu Beginn, nach fünf und zehn Jahren und am Ende der Studie wurde ihr Cholesterinspiegel untersucht. Bei Personen, die während des Untersuchungszeitraumes verstarben, wurde die Todesursache dokumentiert.

Klare Ergebnisse

Die Studie ergab, dass es eine direkte Beziehung zwischen der Aufnahme einfach ungesättigter Fettsäuren und einer niedrigen Sterberate aufgrund koronarer Herzerkrankungen gibt. Die Mortalität war in den Ländern am geringsten, in denen ein hoher Anteil an einfach ungesättigten Fettsäuren und nur wenige gesättigte Fettsäuren aufgenommen wurden. So war die Herzinfarkt-Sterblichkeitsrate in den USA und in Nordeuropa zwei- bis dreimal so hoch wie in den Mittelmeerländern. Besonders auffallend war, dass es in Kreta, wo die Bevölkerung am meisten Olivenöl verzehrt, mit Abstand die wenigsten Todesfälle aufgrund von koronaren Herzerkrankungen gab. Die Kombination der cholesterinsenkenden Eigenschaften der Ölsäure und die mediterrane Ernährungsweise boten hier einen deutlichen Schutz vor Herzkrankheiten.

Während der Studie veränderten sich die Ernährungsgewohnheiten im gesamten Mittelmeergebiet dahingehend, dass mehr tierische Nahrungsmittel wie Fleisch, Milch und Molkereiprodukte und andere Fette statt Olivenöl verzehrt wurden. Diese Veränderung bewirkte eine Erhöhung der Risikofaktoren für kardiovaskuläre Erkrankungen, wie erhöhter Cholesterinspiegel, Bluthochdruck und Übergewicht.

Auch zahlreiche neuere Untersuchungen haben bestätigt, dass eine Ernährung, die reich an einfach ungesättigten Fettsäuren ist, das LDL-Cholesterin senkt und somit das Risiko für Herzerkrankungen verringert.

In westlichen Industrieländern entspricht die tatsächlich aufgenommene Menge an Fett etwa dem Doppelten der empfohlenen Richtmenge, was zu Übergewicht führen kann.

Die Mittelmeerdiät

Die traditionelle mediterrane Ernährungsweise ist reich an pflanzlichen Produkten (viel Brot, Getreide, Obst und Gemüse) und arm an tierischen Nahrungsmitteln. Besonders wichtig ist es, dass Olivenöl die Hauptfettquelle ist und einen hohen Anteil an einfach ungesättigten Fettsäuren liefert. Durch die Mittelmeer-Diät können die von vielen Gesundheitsorganisationen gegebenen Ernährungsempfehlungen zur Vorbeugung von koronaren Herzkrankheiten einfach in die Praxis umgesetzt werden. Die Empfehlungen lauten wir folgt:

- Der Gesamtfettverzehr sollte weniger als 30 Prozent der aufgenommenen Gesamtenergie betragen.
- Gesättigte Fettsäuren sollten weniger als 10 Prozent der Gesamtenergie betragen.
- Mehrfach ungesättigte Fettsäuren sollten nicht mehr als 7 bis 8 Prozent der Gesamtenergie betragen.
- Einfach ungesättigte Fettsäuren sollten bis zu 15 Prozent der Gesamtenergie betragen.
- Pro Tag sollten nicht mehr als 300 mg Cholesterin durch die Nahrung aufgenommen werden.
- Der Anteil an komplexen Kohlenhydraten und Ballaststoffen in der Ernährung sollte erhöht werden.

Die mediterrane Ernährung ist auch für Diabetiker geeignet. Die Aufnahme der Gesamtfettmenge kann individuell variiert werden. Wichtig ist die Reduzierung der Aufnahme tierischer Fette und somit gesättigter Fettsäuren. Besonders wichtig ist für Diabetiker die Normalisierung des Körpergewichtes, was durch die kohlenhydrat- und ballaststoffreiche Ernährung mit Olivenöl als hauptsächlicher Fettquelle erreicht werden kann. Auch für alle anderen Personen, die unter Übergewicht leiden oder dazu neigen, empfiehlt sich die Umstellung auf eine mediterrane Ernährungsweise.

Grüne Oliven enthalten weniger Öl als die vollreifen dunklen Früchte. Dafür besitzen sie mehr Vitamine und Mineralien.

Weiterhin hat sich gezeigt, dass durch eine fettarme Ernährung oder den Verzicht auf tierisches Fett das Thromboserisiko erheblich reduziert wird.

Sekundäre Pflanzenstoffe im Olivenöl

Nicht nur der hohe Anteil an ungesättigten Fettsäuren ist für den hohen gesundheitsfördernden Wert des Olivenöls verantwortlich. Auch bei verschiedenen anderen Substanzen, die zu den sekundären Pflanzenstoffen zählen, konnte eine positive Wirkung auf den Organismus festgestellt werden.

In raffiniertem Olivenöl sind wesentlich weniger sekundäre Pflanzenstoffe enthalten als in nativem Öl, in dem die Konzentrationen fünf- bis zehnmal höher liegen.

Tocopherol

Tocopherol, auch als Vitamin E bezeichnet, gehört zu den fettlöslichen Vitaminen und kommt ausschließlich im Pflanzenbereich vor. Es gehört zu den wichtigen Antioxidanzien im Körper. Es schützt Proteine und körpereigene Fette vor dem Angriff durch freie Radikale. Insbesondere sorgt es dafür, dass

Mit zunehmendem Reifegrad kann sich der Vitamin-Gehalt der Oliven verändern.

die empfindlichen roten Blutkörperchen nicht durch freie Radikale zerstört werden. Es stabilisiert Vitamin A und mehrfach ungesättigte Fettsäuren, wobei es mit den anderen Radikalfängern Vitamin C und Selen eng zusammenarbeitet. Vitamin E ist wichtig für die Funktion der männlichen Keimdrüsen und für einen normalen Schwangerschaftsverlauf. Außerdem ist es unentbehrlich für die Funktionstüchtigkeit von Nervensystemen und Muskulatur.

Der Tocopherol-Gehalt von Olivenöl kann zwischen 1,2 und 43 mg pro 100 g liegen, wobei sich der Wert im Durchschnitt meist um die 25 mg pro 100 g bewegt. Er wird durch Anbauweise und Reifegrad der Oliven beeinflusst. Mit zunehmender Reife nimmt der Gehalt an Tocopherol ab.

Untersuchungen zeigten, dass eine hoch dosierte Vitamin-E-Einnahme (mindestens 100 mg Tocopherol pro Tag) über mindestens zwei Jahre das Risiko für eine koronare Herzkrankheit um ein bis zwei Drittel senkt. Geringere oder kürzere Einnahmen zeigten keinen signifikanten Einfluss. Allerdings wurde festgestellt, dass Tocopherol viel wirkungsvoller die Gesundheit positiv beeinflusst, wenn man es im Olivenöl zusammen mit den anderen darin enthaltenen sekundären Pflanzenstoffen aufnimmt, als wenn es isoliert hoch dosiert zugeführt wird. Dies wird als so genannter synergistischer Effekt bezeichnet, der auch schon bei anderen pflanzlichen Inhaltsstoffen nachgewiesen werden konnte.

Phenolische Verbindungen

Sekundäre Pflanzenstoffe, insbesondere die Phenole, sorgen bei nativem Olivenöl auch für Stabilität und Haltbarkeit.

Ein Teil der im Olivenöl enthaltenen Phenole gehört zu den einfachen phenolischen Verbindungen wie zum Beispiel Vanillinsäure, Kaffeesäure oder Tyrosol. Zur Gruppe der Secoiridoide zählen Oleuropein und Ligstrosid. Komplexere Phenolverbindungen sind Lignane und die aus vielen Früchten bekannten Flavonoide, die für die Farbe verantwortlich sind. Viele dieser Verbindungen besitzen antioxidative Eigenschaften, fördern somit also die Zellerneuerung und können als Krebs hemmend angesehen werden. Auch bei diesen Substanzen kommt der synergistische Effekt zum Tragen: In einer Mischung solcher phenolischer Verbindungen – wie sie zum Beispiel im Olivenöl vorkommt – sind die einzelnen Substanzen wesentlich wirksamer, als wenn sie einzeln getestet werden. Ferner wurde festgestellt, dass diese Phenole eine stark hemmende Wirkung auf das Enzym Xanthinoxidase haben, das nachweislich an der Entstehung von Krebs beteiligt ist.

Aromastoffe

Im Olivenöl konnten bisher über 70 verschiedene Geschmacks- und Aromastoffe nachgewiesen werden. Zu ihnen gehören verschiedenste Alkohole, Ester, Aldehyde, Ketone und vieles mehr. Sie sind dafür verantwortlich, dass Blätter und Früchte des Olivenbaums eine natürliche Resistenz gegen den Befall mit Mikroorganismen oder Insekten haben. Ein Teil dieser Aromastoffe wirkt zudem antimikrobiell gegen eine Reihe von Bakterien und Pilzen, die auch für uns Menschen schädlich sind oder sogar Krankheiten auslösen können. Dies trägt vermutlich zusätzlich zu dem gesundheitsfördernden Effekt des Olivenöls bei.

Squalen

Squalen gehört zur Gruppe der Kohlenwasserstoffe. Seine Konzentration in nativem Olivenöl beträgt 400 bis 450 mg pro 100 g. Diese Substanz ist zwar an der Synthese von Cholesterin beteiligt, hat aber keinen ungünstigen Effekt auf den Cholesterinspiegel, vermutlich weil es in großen Mengen gleich wieder ausgeschieden wird.

Dagegen konnte eine deutliche Krebs hemmende Wirkung, insbesondere bei Brustkrebs und bei Pankreaskrebs, nachgewiesen werden. Weiterhin macht Squalen reaktive Sauerstoffradikale in der obersten Schicht der menschlichen Haut unschädlich. Auch ein positiver Effekt auf die Augengesundheit sowie eine bessere Fähigkeit zur Ausscheidung von bestimmten Giftstoffen konnten – bisher nur in Tierversuchen – nachgewiesen werden.

Zur Ausschwemmung von Gallensteinen werden Kuren mit Olivenöl empfohlen. Hierfür trinkt man eine Woche lang täglich 75 g Olivenöl. Wer einen empfindlichen Magen hat, sollte allerdings bei solch einer Kur vorsichtig sein. In jedem Fall ist zusätzlich ein Arzt zu konsultieren.

Sterine

Der Steringehalt von Olivenöl wird durch Kultivierung und Reifegrad beeinflusst. Der Gehalt liegt zwischen 113 und 265 mg pro 100 g. 90 bis 95 Prozent liegen in Form von ß-Sitosterin vor. Mehreren Berichten zufolge übt diese Substanz eine Krebs hemmende Wirkung aus. Genauere Untersuchungen dazu sind noch notwendig.

Allgemein verringern die Sterine im Olivenöl die Konzentration des Gesamt- und des LDL-Cholesterins im Blut. Vermutlich hemmen sie die Absorption des Cholesterins im Darm.

Zur Info

Oliven mit unterschiedlichem Nährwert

Oliven enthalten wie das aus ihnen gewonnene Öl einen hohen Anteil an ungesättigten Fettsäuren, die oben beschriebenen sekundären Pflanzenstoffe, Tocopherol und außerdem Spurenelemente, Kohlenhydrate und Ballaststoffe.

Untersuchungen an verschiedenen Tafeloliven haben ergeben, dass die so genannten „gerunzelten“ Oliven, die schon am Baum ihre natürliche Bitterkeit verlieren und daher nicht mehr in Lake eingelegt werden, mehr Fette, Kohlenhydrate und Ballaststoffe enthalten als die in Lake und Essig eingelegten Früchte.

Olivenöl in der Volksmedizin

In vielen Ärzteberichten aus dem Altertum sind Rezepte für Medikamente zu finden, in denen Olivenöl Hauptbestandteil ist. Es gab fast keine Krankheit, gegen die es nicht eingesetzt wurde.

„Allheilmittel“

Das Öl, das dem ewigen Licht entnommen wurde, galt als besonders heilend.

Olivenöl galt zum Beispiel als fiebersenkend und wurde daher zum Einreiben des fiebernden Körpers benutzt. Auch eine nervenheilende Wirkung wurde ihm zugeschrieben. An Neuralgien leidende Patienten bekamen warme Ölbäder. Sogar bei Vergiftungen und bei Magenbeschwerden hat man es angewandt. Auch zur Pflege der Zähne und allgemein für die Mundhygiene wurde es benutzt. Selbst bei Leprakranken galt Olivenöl als heilend.

Eine besonders hübsche Überlieferung stammt von Ailianos, einem griechischen Schriftsteller aus dem 3. Jahrhundert n. Chr. Er schreibt:

„... Wenn der Elefant von einem Pfeil verletzt wird, isst er Olivenblüten oder Oliven und später wirft er jeden Fremdkörper ab, der seine Haut durchbohrt. So wird er ganz schnell wieder gesund...“

Aphrodisiakum

Wie es kaum anders sein kann, sagt man dem Olivenöl natürlich auch eine aphrodisierende Wirkung nach. Ein Sprichwort in vielen Öl produzierenden Gegenden Griechenlands lautet: „Iss Öl und komm am Abend.“ Auf Kreta ist man der Überzeugung, dass Öl in ungekochtem Zustand genossen die beste Wirkung hat. Früher wurde das Öl von wilden Oliven als besonders wirkungsvoll betrachtet. Vermutlich von diesem Glauben leitet sich auch der Brauch ab, Neuvermählten Brotringe anzubieten, die mit dem ersten Öl des Jahres beträufelt werden. An der Südküste Kretas galt derselbe Brauch als Mittel gegen Unfruchtbarkeit.

Körperpflege

Schon in der Antike wurde Olivenöl nicht nur in der Küche, sondern auch für die Körperpflege angewandt. Die Sportler rieben sich vor den Wettkämpfen mit Olivenöl ein. Das schützte die Haut nicht nur vor Sonnenbrand und Kälte, sondern wärmte durch das Einmassieren die Muskeln auf. Nach dem Baden war es ebenso üblich, den Körper mit Olivenöl einzureiben, damit die Haut geschmeidig blieb. Olivenöl war Grundlage für Salben und man behandelte damit rissige

Haut, Wunden, Verbrennungen, Insektenstiche und Juckreiz.

Schönheit und Wellness

Heute hat man das Olivenöl für die Körperpflege wieder entdeckt. Eine wohltuende Massage mit Olivenöl entspannt nicht nur, sondern lindert Muskelkater und hilft auch bei Rückenproblemen.

Regelmäßiges Einreiben von Gesicht und Hals mit Olivenöl sorgt für samtweiche Haut und beugt vorzeitiger Faltenbildung vor.

Erwärmen Sie das Olivenöl für die äußere Anwendung auf Körpertemperatur. So kann sich seine Wirkung besser entfalten und es zieht leichter ein.

Für einen frischen Teint und zur Unterstützung der Zellerneuerung kann man auch Olivenöl mit derselben Menge frisch gepressten Zitronensaft vermischen und zwei- bis dreimal pro Woche als Nachtpflege für das Gesicht verwenden.

Auch zum Abschminken ist Olivenöl geeignet. Feuchten Sie einen Wattebausch ganz leicht mit Wasser an und träufeln Sie etwas Olivenöl darauf. So lässt sich schonend jedes Make-up entfernen und die empfindliche Partie rund um die Augen wird gleichzeitig gepflegt.

Ein- bis zweimal pro Woche ein Handbad mit lauwarmem Olivenöl hilft gegen raue oder rissige Haut an den Händen und gegen brüchige Fingernägel. Nägel und Nagelhaut werden dadurch auch für die Maniküre gut vorbereitet.

Ein schonendes Körperpeeling lässt sich leicht aus Olivenöl und Meersalz herstellen. Verrühren Sie hierfür einige Esslöffel Olivenöl mit Meersalz zu einer Paste. Im Fachhandel gibt es auch Produkte für das Körperpeeling, die aus gemahlenen Olivenkernen hergestellt werden.

Auch für die Haarpflege lässt sich Olivenöl verwenden. Gegen trockenes und strapaziertes Haar hilft eine Packung aus 2 Esslöffeln Olivenöl, 1 Esslöffel Honig, 1 Esslöffel Zitronensaft und 1 Eigelb. Alle Zutaten werden gut vermischt und gründlich in das Haar einmassiert. Decken Sie es mit einer Duschhaube und einem Handtuch ab und lassen Sie es über Nacht, mindestens aber eine halbe Stunde einwirken. Anschließend gründlich mit Shampoo auswaschen und ausspülen.

Bei Spliss und brüchigem Haar sollte man ein- bis zweimal pro Woche die Haarspitzen mit Olivenöl einmassieren. Über Nacht einwirken lassen und am nächsten Morgen auswaschen.

In Wasser aufgelöste Olivenseife ist auch völlig unschädlich für die Umwelt.

Seife aus Olivenöl

Schon im Altertum wurde Seife aus Olivenöl hergestellt. Damals wurde sie aber eher für medizinische Zwecke verwendet. Auch heute noch gibt es Olivenöl-Seife, die bei uns hauptsächlich in Reformhäusern und Apotheken erhältlich ist.

Die Seife ist meistens grün oder weiß gefärbt. Sie ist absolut rein ohne weitere Zusätze und daher besonders mild zur Haut. Der natürliche Säureschutzmantel der Haut wird nicht angegriffen und die Seife

Weiße Seife wird aus normalem Olivenöl hergestellt.

hat zudem hautpflegende Eigenschaften. Sie ist auch zum Haarewaschen geeignet.

Die grüne Seife wird aus Kernöl hergestellt, das normalerweise einen sehr hohen Säuregehalt von über 25 Prozent aufweist. Die weiße Seife wird aus normalem Olivenöl hergestellt.

Olivenbaumblätter helfen sogar bei Virenbefall. Die Wirkstoffe dringen direkt bis zu den infizierten Zellen vor und verhindern dort eine Vermehrung der Viren.

■ Olivenbaumblätter

Die alten Ägypter betrachteten das Olivenbaumblatt als ein Symbol des Himmels. Daher gewannen sie aus den Olivenbaumblättern das Öl, um es zur Mumifizierung ihrer Königinnen zu verwenden. Erst später wurde von anderen Kulturen entdeckt, dass die Inhaltsstoffe der Olivenblätter auch eine heilende Wirkung bei den Lebenden erzielen konnten. Allerdings liegt die erste offizielle Erwähnung des Olivenblattes als Heilmittel erst etwa 150 Jahre zurück.

Die gesundheitsfördernde Wirkung des Olivenöls ist mittlerweile unumstritten und gründlich erforscht, wogegen die positiven Eigenschaften der in den Blättern enthaltenen Substanzen noch nicht so bekannt sind. Mittlerweile hat man festgestellt, dass sie einen besonderen Schutz gegen schädliche Pilze, Bakterien und sogar Viren bieten und somit vor Krankheiten schützen können, die durch solche Mikroorganismen hervorgerufen werden. Im Mittelmeerraum wurden Olivenblätter schon in der Antike als Mittel gegen Fieber eingesetzt. Auch gegen Malaria sollten sie helfen. Heute erstreckt sich das Anwendungsgebiet auf viele weitere durch Bakterien und Viren hervorgerufene Infektionskrankheiten. Außerdem wirken Auszüge aus Olivenblättern gegen Bluthochdruck, Blutdruckschwankungen und Herzklopfen.

Wirksame Inhaltsstoffe

Wichtigster Inhaltsstoff der Blätter ist das so genannte Oleuropein, das zur

Gruppe der Iridoide und somit zu den sekundären Pflanzenstoffen zählt. Der Olivenbaum erzeugt diese Substanz, um sich vor einem Befall mit Mikroorganismen und auch Insekten zu schützen. Oleuropin ist ein äußerst wirkungsvolles Antioxidanz und besitzt entzündungshemmende Eigenschaften.

Der hohe Chlorophyllgehalt der Blätter wirkt außerdem vorbeugend gegen Arteriosklerose. Zudem konnte eine entwässernde Wirkung nachgewiesen werden.

Weiterhin gelten Olivenblätter als Energiespender und sorgen für eine Besserung des Allgemeinbefindens. Sie erhöhen die Widerstandskraft und lindern chronische Beschwerden wie Gelenkschmerzen oder Durchfallerkrankungen. Untersuchungen in den USA haben ergeben, dass die Inhaltsstoffe von Olivenblättern bei Hefepilz-Infektionen im Darm für ein Abtöten der Hefepilze sorgen.

Olivenblättertee

Aus den Blättern des Olivenbaums lässt sich Tee zubereiten. Hierfür kann man entweder selbst gepflückte Olivenblätter überbrühen oder man bezieht fertigen Olivenblättertee über den Fachhandel.

Für die Zubereitung aus frischen Blättern zerreibt man diese in einem Mörser und übergießt 1 bis 2 Teelöffel davon mit kochendem Wasser. Nach 5 bis 10 Minuten abseihen und je nach Geschmack mit Zucker oder Honig süßen. Tee aus Olivenblättern kann recht bitter schmecken, daher sollte man ihn anfangs nicht zu lange ziehen lassen. Der Tee aus Blättern von wilden Olivenbäumen soll milder schmecken. Erwachsene trinken morgens, mittags und abends je eine Tasse. Für Kleinkinder reicht eine Tasse pro Tag, für Schulkinder ist je eine Tasse morgens und abends ausreichend.

Da Tee aus Olivenblättern recht bitter schmecken kann, sollte man ihn nicht zu lange ziehen lassen.

Zur Info

Olivenblätter spenden Energie

Personen, die über einen längeren Zeitraum Olivenblätter angewendet haben, gaben an, dass sie durch die Olivenblätter mehr Energie hatten.

Sie fühlen sich fitter, fröhlicher und körperlichen Anspannungen besser gewachsen. Auch bei antriebslosen Menschen oder solchen, die anfällig gegenüber Infektionen sind, sollen Olivenblätter das Wohlbefinden, die Energie und die Abwehrkräfte steigern. Sogar verschiedene Hautkrankheiten, chronische Gelenkschmerzen, Zahnschmerzen oder ein unregelmäßiger Herzschlag haben sich nach der Anwendung von Olivenblättern gebessert.

Feine Rezepte

Feine Rezepte

Die Oliven-Küche

Olivenöl ist nicht nur das gesündeste aller Fette und Öle, die man in der Küche verwenden kann, sondern es verleiht auch vielen Speisen einen ganz eigenen Charakter und ein typisches Aroma. So harmoniert der fruchtige Geschmack der hochwertigen Öle mit allen Arten von Salaten, wobei das Aroma der einzelnen Zutaten nie überdeckt, sondern eher unterstrichen wird. Olivenöl lässt sich aber auch zum Braten und sogar Frittieren verwenden. Hierbei bildet sich eine besonders feine, knusprige Kruste. Und selbst für viele Arten von Backwerk ist Olivenöl geeignet. Aber auch mit Tafeloliven lassen sich viele einfache und raffinierte Gerichte zubereiten. Bringen Sie mediterranes Flair in Ihre Küche!

Bevor man Olivenöl kauft, solle man sich genau über die Qualitätsunterschiede informieren, um die richtige Wahl treffen zu können.

Bevor man Olivenöl für den Gebrauch in der Küche kauft, sollte man über die Unterschiede der angebotenen Öle Bescheid wissen, um ein hochwertiges Produkt erkennen zu können.

Olivenöl wird in verschiedenen Qualitätsstufen angeboten. Die Kriterien, nach denen ein Öl einer bestimmten Kategorie zugeordnet wird, werden durch EU-Verordnungen geregelt. Es gibt sogar einen Internationalen Olivenöl-Rat (International Olive Oil Council = IOOC mit Sitz in Madrid), der die Standards zur Beurteilung von Olivenöl festgelegt und auch in den letzten Jahren die Bestimmungen verschärft hat. Allerdings sind nicht alle Olivenöl produzierenden Länder Mitglied des IOOC, so dass für sie die Vorschriften nicht bindend sind.

Auch wenn die verschiedenen Qualitätsstufen genau festgelegt sind, sorgen so manche Bezeichnungen beim Verbraucher nach wie vor für Verwirrung. Besonders die Bezeichnung „extra virgin Olivenöl" oder „natives Olivenöl extra" werden zwar häufig verwendet, die genaue Bedeutung ist aber den wenigsten Käufern von Olivenöl bekannt.

Beide Begriffe werden synonym gebraucht, wobei in diesem Fall „nativ" einfach die deutsche Übersetzung für das englische Wort „virgin" ist. Bis zum Jahr 1995 bedeutete „extra virgin" einfach, dass das Öl auf mechanischem Weg hergestellt wurde (das heißt, es wird nur gepresst und nicht chemisch raffiniert) und dass der Säuregehalt unter 0,8 Prozent liegt. Der Säuregehalt gibt den Anteil an freien

Internationale Bezeichnungen für Olivenölqualitäten

Deutsch	Französisch	Italienisch	Spanisch
Natives Olivenöl extra	Huile d'olive vierge extra	Olio di oliva vergine extra	Aceite de oliva virgen extra
Natives Olivenöl	Huile d'olive vierge	Olio di oliva vergine	Aceite de oliva virgen
Olivenöl	Huile d'olive	Olio di oliva	Aceite de oliva
Oliventresteröl	Huile de grignons d'olive	Olio di sansa d'oliva	Aceite de orujo de oliva

Fettsäuren, berechnet als Ölsäure, an. 1995 wurde durch die IOOC ergänzt, dass dieses Öl auch einen guten Geschmack haben muss. Dies wird durch spezielle Ölverkoster festgelegt, die den Geschmack des Öls nach etwa 30 Kriterien mit Punkten bewerten auf einer Skala von 1 bis 9. Das „extra virgin" Öl muss hierbei einen Wert von mindestens 6,5 Punkten erreichen.

Olivenöl mit der Bezeichnung „extra virgin", „extra vergine" oder „natives Olivenöl extra" gehören der höchsten Qualitätsstufe an. Häufig wird der Säuregehalt sogar mit unter 0,5 Prozent angegeben – besonders bei griechischen Olivenölen –, was einer allerhöchsten Qualität entspricht. In der vorderen Umschlagklappe dieses Buches werden die Bezeichnungen für die verschiedenen Olivenöle erklärt.

Für alle, die Olivenöl in den Erzeugerländern kaufen, zeigt die Tabelle die wichtigsten Qualitätsbezeichnungen in den Landessprachen.

Woran erkennt man gute Qualität?

Abgesehen davon, dass die Qualitätsstufe auf dem Etikett vermerkt sein muss, kann man auch an dem Öl selber die Qualitätsunterschiede feststellen. Natives Olivenöl schmeckt nie neutral, sondern hat immer ein typisches Aroma und einen einzigartigen Geschmack. Er kann von mild fruchtig bis intensiv fruchtig reichen, außerdem kann eine mehr oder weniger starke Bitternote vorhanden sein. Auch die

Olivenöl ist in der Küche vielseitig einsetzbar.

Schärfe ist unterschiedlich ausgeprägt. Feinschmecker sind sogar in der Lage noch weitere Aromen festzustellen, wie Apfel, Mandel, Nuss oder Johannisbeeren, um nur einige zu nennen.

Die Farbe des Öls ist intensiv gelb oder grünlich. Öle mit einer hellen Farbe und einem neutralen Geschmack sind meistens raffinierte Öle.

Das Öl erscheint eher grün, wenn die Oliven im grünen Zustand vor der Ausreifung gepflückt wurden. Der Geschmack ist meistens etwas schärfer als von gelben Ölen. Manche Olivenölhersteller geben beim Pressen Olivenblätter in den Fruchtbrei, um eine intensivere grüne Farbe zu erhalten. Dies verschlechtert aber den Geschmack und lässt das Öl bitter werden.

Kaufen Sie kein Olivenöl, auf dessen Verpackung keine Angaben zu Anbaugebiet und Hersteller sowie zu Abfüll- und Verfallsdatum gemacht werden.

Gelbes Olivenöl stammt von Früchten, die schon begonnen haben sich rot oder schwarz zu verfärben. Es

hat in der Regel einen angenehmen, meist fruchtigen Geschmack und eignet sich besonders gut zum Braten von Fisch und zum Backen.

Der Olivenöl-Test!

Wie bei gutem Wein lassen sich auch bei Olivenöl erhebliche Unterschiede in Geschmack, Geruch oder Aussehen feststellen, die von Anbaugebiet, Olivensorte, Erntezeitraum und Art der Produktion abhängen. Welchem Öl man den Vorzug gibt, ist eine persönliche Geschmackssache. Wenn Sie sich intensiver mit den Unterschieden hochwertiger Öle beschäftigen wollen, sollten Sie einmal verschiedene Sorten verkosten, um zu erleben, wie unterschiedlich das Aroma von Olivenöl sein kann. Am besten laden Sie sich dazu einige Freunde ein.

Wenn Sie im Urlaub direkt beim Erzeuger Olivenöl kaufen wollen, bitten Sie vorher um eine Kostprobe.

Professionell verkosten

Bei der Verkostung von Olivenöl sind einige Grundregeln zu beachten, damit eine objektive Beurteilung möglich ist.

- Wählen Sie drei verschiedene Öle aus und füllen Sie sie in neutrale Gefäße oder bedecken Sie die Etiketten, damit man nicht von der Aufschrift beeinflusst wird.
- Die Umgebung sollte gut beleuchtet und frei von Fremdgerüchen sein.
- Die beteiligten Personen sollten mindestens eine Stunde vor dem Verkosten nichts gegessen haben, um den Geschmack nicht zu beeinflussen. Ebenso sollten sie weder Parfum noch stark riechende Creme auftragen und keine Medikamente gegen Erkältungsbeschwerden eingenommen haben, da diese das Geschmacksvermögen beeinträchtigen.
- Jeder Verkoster erhält Papier und Stift, um seine Eindrücke und Beurteilungen gleich notieren zu können.
- Legen Sie Apfel- und Brotstückchen bereit, die zwischen den einzelnen Kostproben gegessen werden, damit sich der Geschmack im Mund wieder neutralisiert.
- Zum Verkosten werden am besten hohe Weingläser verwendet.
- Zuerst sollten Sie das Olivenöl betrachten. Hierzu wird das Glas mit dem Öl gegen das Licht gehalten, um die Farbe genau sehen zu können. Sie kann von einem dunklen Grün über ein helleres Grün bis zu einem weichen, durchscheinenden Gelb reichen. Das dunklere Öl hat meist einen volleren und fruchtigeren Geschmack.
- Als Nächstes wird der Geruch beurteilt. Legen Sie hierzu Ihre Hände um das Glas und schwenken Sie es drei- bis viermal, damit sich der Geruch entfalten kann. Atmen Sie dann tief ein. Versuchen Sie den empfundenen Geruch zu beschreiben.
- Zuletzt kosten Sie das Öl. Nehmen Sie etwas Olivenöl in den Mund, ohne es zunächst herunterzu-

schlucken. Lassen Sie das Öl über die Zunge gleiten und durch den Mund zirkulieren und ziehen Sie dann Luft durch die Zähne ein, während das Öl langsam den Hals hinunterläuft. Versuchen Sie Geschmacksnoten wie süß, sauer oder bitter festzustellen.

- Bevor Sie die nächste Probe verkosten, essen Sie einen Apfelschnitz oder ein Stück Brot und warten Sie ein bisschen.

Falls Sie Schwierigkeiten haben, die einzelnen Geschmacksnoten beim Olivenöl richtig beschreiben zu können, sind im Folgenden die häufigsten angenehmen Geschmacks- und Geruchseigenschaften aufgeführt:

- Gras: Geruch von frisch gemähtem Gras
- Grüne Blätter: Geschmack erinnert an Oliven oder Olivenbaumblätter
- Mandel: Scharfes Aroma frischer Mandeln
- Heu: Geruch erinnert an Heu
- Früchte: Aroma von frischen Früchten, zum Beispiel Apfel oder Zitrone
- Gewürz: Starkes pikantes und zugleich süßliches Aroma

Unangenehme Eigenschaften können manchmal auch festgestellt werden. Einige Beschreibungen sind sämig, erdig, wurmig, metallisch, modrig oder brackig. Ein ranziger Geruch bedeutet, dass das Öl verdorben ist.

Zur Info

Was bedeutet Ranzigwerden?

Ranzigwerden bedeutet, dass das Öl oxidiert, wenn es zu viel Licht und Sauerstoff ausgesetzt ist.

Ranziges Öl erkennt man daran, dass es einen unangenehmen, erdigen Geschmack hat und vielleicht sogar auf der Zunge brennt. Das Oxidieren beeinflusst nicht nur den Geschmack, sondern die wertvollen Fettsäuren und fettlöslichen Vitamine, die für den hohen Gesundheitswert des Olivenöls verantwortlich sind. Sie werden chemisch verändert und gehen somit verloren. Im schlimmsten Fall werden sogar Giftstoffe entwickelt. Daher sollte ranziges Öl immer weggeworfen werden.

Olivenöl erhitzen

Häufig herrscht noch die landläufige Meinung vor, dass Olivenöl eigentlich nur zum Kaltverzehr, aber zum Erhitzen nicht so gut geeignet sei. Tatsächlich verhält es sich aber ganz anders. Im Vergleich zu vielen anderen Fetten ist Olivenöl sogar sehr gut zum Braten, Dünsten oder sogar Frittieren geeignet. Dafür gibt es eine lebensmitteltechnische Erklärung.

Ungesättigte Fettsäuren zersetzen sich, wenn sie Sauerstoff, Licht und Wärme ausgesetzt werden. Durch Erhitzen wird dieser Prozess beschleunigt. Je höher ungesättigt die Fettsäuren sind, also je mehr Doppelbindungen in den Fettsäureketten vorhanden sind, umso reaktiver sind sie und werden schneller zersetzt als weniger gesättigte Fettsäuren. Olivenöl besitzt einen sehr hohen Anteil von fast 80 Prozent an einfach ungesättigten Fettsäuren, das heißt, diese Fettsäuren besitzen nur eine reaktive Doppelbindung. Daher ist es wesentlich weniger

Die Art des Olivenöls wird danach ausgewählt, wofür es in der Küche verwendet werden soll. Aromatische Öle eigenen sich mehr zum Kaltverzehr, Öle mit neutralerem Geschmack sind besser zum Braten geeignet.

anfällig für Zersetzungsprozesse als Öle mit vielen mehrfach ungesättigten Fettsäuren. Außerdem enthält es viele stabilisierende Substanzen wie Tocopherole und Flavonoide, die das Öl zusätzlich vor Oxidationsprozessen schützen und auch für eine lange Haltbarkeit sorgen.

Natives Olivenöl lässt sich also bedenkenlos bis 180 °C erhitzen und somit zum Braten, Dünsten und sogar schonenden Frittieren verwenden. Oft reicht aber eine Brattemperatur von 150 °C aus. Das einfache Olivenöl, gemischt aus raffiniertem und nativem Olivenöl, kann sogar auf 210 °C erhitzt werden.

Grundsätzlich sollte Öl niemals so heiß werden, dass es beginnt zu rauchen, denn dann können sich gesundheitsschädigende Stoffe bilden und die Speisen erhalten einen bitteren Geschmack.

Braten, Schmoren und Sautieren mit Olivenöl

Je nach Temperatur unterscheidet man Braten (bis 180 °C), Schmoren (bis 110 °C) und Sautieren (75 bis 100 °C). Für alle drei Zubereitungsarten kann natives Olivenöl verwendet werden. Ab etwa 130 °C entsteht ein natürlicher Dampf, durch den sich die Geschmacksstoffe des Öls noch intensiver entfalten. Beim Braten mit Olivenöl sollte zunächst die Pfanne oder der Topf erhitzt werden, bevor das Öl hineingegeben wird. Beim Schmoren benötigt man nur eine geringe Menge Öl, in dem das Fleisch kurz angebraten wird. Anschließend fügt man Gemüse und je nach Rezept Brühe oder Wein hinzu und lässt das Ganze bei etwa 100 °C im geschlossenen Topf garen. Die Nährstoffe des Öls bleiben beim Schmoren und Sautieren erhalten. Zur Geschmacksverbesserung kann man kurz vor dem Servieren noch etwas frisches Öl über das Gericht träufeln.

Olivenöl niemals im geschlossenen Topf erhitzen, da es sich dabei entzünden könnte.

Frittieren mit Olivenöl

Olivenöl vergrößert beim Erhitzen sein Volumen, daher braucht man relativ geringe Mengen. Der Vorteil von Olivenöl ist, dass es sich um das Frittiergut legt und eine knusprige Kruste bildet, aber nicht aufgesogen wird. Fisch und Fleisch bleiben saftig, bei Gemüse kommt der volle Geschmack besonders gut zur Geltung. Nach Gebrauch sollte das Öl gefiltert werden und kann dann so fünf- bis zehnmal verwendet werden. Zum Frittieren bis 180 °C ist natives Olivenöl geeignet, bei höheren Temperaturen muss eine Mischung aus raffiniertem und nativem Öl verwendet werden.

Backen mit Olivenöl

Auch wenn es uns Mitteleuropäern etwas ungewöhnlich erscheint, ist Olivenöl doch durchaus zum Backen gut geeignet und kann in jedem Rezept Butter oder Margarine ersetzen. Der hohe Anteil an einfach ungesättigten Fettsäuren trägt durch die Bildung eines speziellen Fettkristalls zur Verfeinerung der Backwaren bei. Die Tocopherole wirken emulgierend und sorgen somit für einen saftigen, zarten Kuchen mit einer knusprigen Kruste. Ihre antioxidativen Eigenschaften tragen dazu bei, dass die Backwaren länger frisch bleiben.

Salate mit Olivenöl

Das volle Aroma von qualitativ hochwertigem Olivenöl kommt in Salaten am besten zur Geltung. Hierbei empfiehlt es sich, zum Anrichten der Salate eines der speziellen gläsernen Ölkännchen zu kaufen, die es in unterschiedlichen Ausführungen gibt. Sie sehen hübsch aus, und mit ihnen lässt sich das Öl fein dosiert über dem Salat verteilen, so dass jedes Salatblatt die richtige Menge Olivenöl aufnehmen kann.

Olivenöl richtig lagern

Früher wurde Olivenöl in großen Tonkrügen in dunklen und kühlen Vorratsräumen aufbewahrt und konnte so lange ohne Qualitätsverlust gelagert werden. Heute wird Olivenöl in der Regel in Glas- oder Kunststoffflaschen oder, besonders bei größeren Mengen, in Metallkanistern angeboten. Zu Hause bewahrt man es ebenfalls am besten kühl und dunkel auf, zum Beispiel im Keller oder in einer kühlen Speisekammer. Haben Sie keinen entsprechenden Lagerraum, können Sie Öl, das länger gelagert werden soll, auch im Kühlschrank aufbewahren. Allerdings trübt es sich durch Kälte und wird dickflüssig oder bildet weißliche Flocken. Dies mindert weder seine Qualität noch seinen Geschmack. Lässt man es einige Stunden bei Zimmertemperaturen erwärmen, erhält es seine ursprüngliche Farbe

Zur Info

Gesunder Ersatz

In fast allen Rezepten lässt sich Butter, Margarine oder ein anderes Fett durch Olivenöl ersetzen.

Im Vergleich zu Butter oder Margarine ist Olivenöl sparsamer in der Verwendung, und zwar etwa im Verhältnis 4:3. Benötigen Sie also 1 Teelöffel Butter oder Margarine, reichen 3/4 Teelöffel Olivenöl aus, bei 2 Esslöffeln reichen 1 1/2 Esslöffel Öl aus. 1 Tasse kann durch eine 3/4 Tasse Öl ersetzt werden.

Früher wurde das Olivenöl in Tonkrügen aufbewahrt wie in diesen Gefäßen aus dem minoischen Zeitalter in Knossos auf Kreta.

und Konsistenz zurück. Olivenöl sollte möglichst wenig Sonnenlicht, Sauerstoff und hohen Temperaturen ausgesetzt sein.

Olivenöl ist nicht unbegrenzt haltbar. Die durchschnittliche Lebensdauer beträgt etwa 18 bis 20 Monate (Verfalls- und Abfülldatum auf der Packung beachten!). Danach beginnt es zu altern und verliert an Aroma.

Kräuteröle

Aromatisierte Öle wurden nachweislich schon vor 4000 Jahren hergestellt, wobei sie damals vorwiegend als Parfum und weniger in der Küche verwendet wurden. Heute werden sie zum Verfeinern von Salaten und Vorspeisen sehr geschätzt.

Mit verschiedenen Kräutern lässt sich Olivenöl aromatisieren.

Wurde das Öl mit Kräutern oder Gewürzen aromatisiert, ist die Oxidationsgefahr größer und es ist nicht so lange haltbar.

Aromatisierte Öle lassen sich leicht selber herstellen. Grundlage ist ein Olivenöl von guter Qualität mit einem niedrigen Säuregehalt und einem unaufdringlichen, dezenten Aroma. Das Öl kann nach Belieben mit verschiedenen Kräutern oder Gewürzen sowie Kombinationen davon aromatisiert werden. Hierzu werden die Gewürze und Kräuter einfach in ein geeignetes Glasgefäß gefüllt und mit dem Olivenöl übergossen. Das Gefäß muss dunkel und trocken aufbewahrt werden. In der Regel hat das Öl nach 10 bis 14 Tagen ausreichend Aromastoffe angenommen. Gewürze und Kräuter können dann entfernt werden.

Als Kräuter eignen sich Rosmarin, Fenchelkraut, Basilikum, Thymian oder Oregano. Am besten verwendet man ganze, frische Zweiglein, die trocken und sauber sein sollen.

Knoblauchzehen werden im Ganzen zugesetzt. Brauchen Sie einmal dringend Knoblauchöl, haben aber keine Zeit, das Öl zehn Tage durchziehen zu lassen, können Sie auch den Knoblauch zerdrücken oder mit dem Öl zusammen im Mixer pürieren und anschließend durchfiltern.

Als Gewürze eignen sich Chilischoten (frisch oder getrocknet), Pfefferkörner, Kümmel, Fenchelsamen, Gewürznelken oder Zimtstangen.

Wird Olivenöl mit unbehandelten Schalen von Zitronen oder Orangen aromatisiert, eignet es sich besonders gut zum Backen, aber auch für die Verwendung in Salaten oder zu Gemüse.

Eingelegte Oliven eignen sich hervorragend als Vorspeise oder werden zusammen mit Brot zum Wein serviert.

Eingelegte Oliven

Oliven kommen bei uns konserviert und meistens schon eingelegt oder gewürzt in den Handel. Sie werden vorwiegend roh verzehrt. Man schätzt sie als wichtigen Bestandteil von Vorspeisentellern (Antipasti), sie werden zu Tsatsiki oder verschiedenen Salaten serviert und gerne zusammen mit Brot zu Wein, aber auch zu Ouzo oder Raki gereicht. Oliven sind ein wirksamer Appetitanreger und vor allem in Griechenland eine allgegenwärtige Beilage zu den meisten Gerichten. In der italienischen Küche

Früher wurden auf Kreta süße Oliven in ein Stoffsäckchen eingenäht und den Kleinkindern als Schnullerersatz um den Hals gehängt.

dienen sie oft als Pizzabelag oder sind Bestandteil von Nudelgerichten. In Spanien sind sie meist auch in der Paella zu finden.

Gekaufte Oliven lassen sich im Geschmack noch verbessern, indem man sie in Olivenöl einlegt, dem verschiedene Kräuter oder Gewürze zugesetzt wurden wie Knoblauch, Chilischoten, Zitrone (Saft und Schale), Orangenschale, Rosmarin, Thymian, Oregano, Lorbeer, Fenchelkraut, Pfefferminze, Kümmel und viele mehr. Das Olivenöl wird mit den gewünschten Gewürzen und eventuell einem Schuss Essig vermischt und über die abgespülten und abgetropften Oliven gegeben, so dass sie ganz bedeckt sind. Verschlossen halten sich solche eingelegten Oliven mindestens ein bis zwei Wochen im Kühlschrank.

Olivenpaste

Oliven können zu einer Paste verarbeitet und so als Brotaufstrich oder auch als Vorspeise verzehrt werden. Hierfür werden die entsteinten Oliven zerquetscht oder püriert und gründlich mit Gewürzen (siehe eingelegte Oliven) nach Geschmack vermischt. Eine bekannte Olivenpaste ist Tapenade (Rezept siehe Seite 60).

Hinweis

Bei den im Folgenden aufgeführten Rezepten sollte immer extra natives oder natives Olivenöl verwendet werden. Wählen Sie dabei für Salate, Dips und Vorspeisen ein Öl mit einem intensiven, für Sie angenehmen Aroma aus. Wird das Olivenöl erhitzt oder zum Backen verwendet, nehmen Sie lieber ein Öl mit einem neutraleren Geschmack.

Dips, Soßen und Salate

Tapenade

Zutaten für 1 Glas (250 ml)	
250 g	schwarze Oliven ohne Stein
4	Sardellenfilets
1 EL	Kapern
1–2	Knoblauchzehen
3–4 EL	Olivenöl
	frisch gemahlener schwarzer Pfeffer

- Die Oliven und die Sardellenfilets mit kaltem Wasser abspülen und gut abtropfen lassen
- Die Kapern ebenfalls abtropfen lassen
- Die Knoblauchzehen schälen und grob hacken
- Alle Zutaten mit dem Mixer oder einem Pürierstab fein zerkleinern
- Dabei das Olivenöl langsam einlaufen lassen, bis eine streichfähige Paste entsteht
- Zum Schluss mit Pfeffer abschmecken und in kleine, saubere Gläser füllen
- Dicht verschlossen lässt sich die Tapenade einige Tage im Kühlschrank aufbewahren.

TIPP

Tapenade ist die klassische Olivenpaste, die in kleinen Mengen zu Fisch oder Fleisch, zu Nudeln oder einfach zu frischem Brot gegessen wird.

Tsatsiki

Zutaten für 4 Personen	
500 g	Quark (oder griechischer Jogurt)
1	große Salatgurke
3	Knoblauchzehen
1/2 TL	Salz
4-5 EL	Olivenöl
2 EL	Weißweinessig
	fein gehackte frische Kräuter nach Geschmack

Zum Servieren:

Schwarze Oliven à la grecque (trocken in Salz eingelegte Oliven)

- Die Gurke schälen, reiben und gut abtropfen lassen
- Die Knoblauchzehen durch die Presse drücken und mit dem Salz vermischen
- Den Quark mit dem Öl, dem Essig, der abgetropften Gurke, dem Knoblauch und den Kräutern gut vermischen
- Eventuell noch mit Salz abschmecken
- Gekühlt zusammen mit den Oliven servieren.

TIPP

Tsatsiki wird zu frischem Brot als leichte Zwischenmahlzeit oder Vorspeise serviert. Wer das intensive Aroma der Oliven à la grecque nicht mag, kann auch mildere Sorten dazu reichen. Das Grundrezept kann nach eigenem Geschmack mit verschiedenen Kräutern oder Gewürzen abgewandelt werden.

Grundrezept Salatsoße

- Alle Zutaten in einen Mixbecher geben, verschließen und schütteln, bis sich alles gut vermischt hat.

TIPP

Der Zitronensaft kann auch durch einen guten Weißweinessig ersetzt werden.
Diese einfache Salatsoße unterstreicht das Aroma von Salat und Gemüse, ohne es zu überdecken. Sie lässt sich nach Belieben mit den verschiedensten Kräutern und Gewürzen abwandeln. Hierfür eignen sich Knoblauch, Senf, Basilikum, Oregano, Thymian, Dill, Fenchelsamen, Ingwer und vieles mehr.

Zutaten für 150 ml Soße

125	ml	Olivenöl
5	EL	Zitronensaft, frisch gepresst
1	TL	Salz (vorzugsweise Meersalz)
2		Tropfen lauwarmes Wasser

Majonäse mit Olivenöl

- Die Eigelbe in einer tiefen Schüssel mit dem Zucker und dem Salz verschlagen, am besten mit einem Schneebesen
- Langsam den Essig zufügen und weitere zwei bis drei Minuten schlagen
- Dann nach und nach das Olivenöl unter ständigem Schlagen einträufeln
- Sobald die Masse beginnt fest zu werden, mit etwas Zitronensaft verdünnen
- Weiterhin abwechselnd das Öl und den Zitronensaft unter ständigem Rühren langsam hinzugeben, bis alle Zutaten aufgebraucht sind

Zutaten für 250 ml Majonäse

225	ml	Olivenöl
2		Eigelb
1	TL	Salz
1	TL	Zucker
1	EL	Weißweinessig
		Saft von einer Zitrone

TIPP

Alle Zutaten müssen Zimmertemperatur haben! Bei der Zubereitung sollte man sich unbedingt viel Zeit lassen und die Flüssigkeiten tropfenweise zugeben.
In einem dicht schließenden Gefäß lässt sich die Majonäse bis zu einer Woche im Kühlschrank aufbewahren.

Alioli

Zutaten für 250 ml Paste		
225	ml	Olivenöl
5		Knoblauchzehen
1/2	TL	Salz
2		Eigelb
1	EL	Weißweinessig

- Die Knoblauchzehen schälen und zusammen mit dem Salz zerdrücken
- Die Eigelbe mit dem Essig aufschlagen
- Alles zusammen in einen Mixer geben und während des Mixens das Olivenöl tropfenweise zufügen, bis die Soße gleichmäßig dick zu werden beginnt.

TIPP
Alioli passt gut zu gebackenem Fisch oder Fleisch. Im Kühlschrank lässt sich die Paste vier bis fünf Tage aufbewahren.

Griechischer Salat

Zutaten für 4 Personen		
1		Salatgurke
4		Tomaten
1		grüne Gemüsepaprika
1		rote oder gelbe Gemüsepaprika
1		Zwiebel
3-4		Knoblauchzehen
8		schwarze Oliven
8		grüne Oliven
4	EL	Olivenöl
		Salz
200	g	Schafskäse
		Kräuter der Provence oder eine andere Kräutermischung nach Geschmack

- Gurke, Tomaten und Paprika gründlich waschen
- Bei der Gurke die Enden abschneiden, dann die Gurke längs halbieren und in nicht zu dünne Scheiben schneiden
- Bei den Tomaten die Stielansätze entfernen, dann in Achtel schneiden
- Mit der Gurke vermischen und etwas salzen
- Die Paprika halbieren, Stielansatz und Samenleisten entfernen und in schmale Streifen schneiden
- Die Zwiebel schälen, halbieren und in dünne Ringe schneiden
- Die Knoblauchzehen schälen und in kleine Stücke schneiden, nicht pressen
- Alle so vorbereiteten Zutaten miteinander vermischen und das Olivenöl darüber träufeln
- Mit den Oliven garnieren, den Schafskäse in vier Stücke teilen und obenauf legen
- Zum Schluss mit den Kräutern bestreuen
- Mit frischem Weißbrot servieren.

TIPP
Wer es lieber kräftig gewürzt mag, kann noch Essig und Pfeffer zugeben.

Kartoffelsalat mit Oliven

Zutaten für 3 bis 4 Personen

6	mittelgroße gekochte Kartoffeln (fest kochende Sorte)
1	Orange
1	große Zwiebel
10	große schwarze Oliven (zum Beispiel Kalamata-Oliven)
3 EL	Olivenöl
1 TL	Essig
1 TL	Oregano
	Salz
	frisch gemahlener schwarzer Pfeffer

- Die kalten Kartoffeln pellen und in kleine Würfel schneiden
- In eine Schüssel geben, mit Salz, Pfeffer und Oregano bestreuen und mit dem Essig beträufeln
- Die Orange schälen, die weißen Häute entfernen und das Fruchtfleisch in kleine Stücke schneiden
- Die Zwiebel schälen und fein hacken
- Die Orangenstückchen, die Zwiebel, die Oliven und das Olivenöl zu den Kartoffeln geben und gut vermischen
- Bei Raumtemperatur servieren.

TIPP

Der Kartoffelsalat passt gut zu herzhaften Fleischgerichten.

Olivensalat

Zutaten für 4 Personen

250 g	schwarze Oliven ohne Stein
250 g	in Salzwasser eingelegte grüne Oliven ohne Stein
1 TL	Paprika edelsüß
1/2 TL	Cayenne-Pfeffer
1	Knoblauchzehe
2 EL	fein geschnittene Petersilie
1 EL	Zitronensaft
2 EL	Olivenöl

- Die Oliven abgießen, gut abtropfen lassen und in feine Scheiben schneiden
- Die Knoblauchzehe schälen und durch die Presse drücken
- Die Oliven mit den Gewürzen vermischen
- Anschließend das Öl und den Zitronensaft unter ständigem Rühren dazugeben
- Vor dem Servieren den Salat mindestens 20 Minuten ruhen lassen, damit sich das Aroma entfalten kann.

TIPP

Olivensalat wird am besten zu frisch geröstetem Brot und einem kräftigen Rotwein serviert.

Marinierte Paprika

Zutaten für 4 Personen

Je 2	rote, grüne und gelbe Gemüsepaprika
2	Knoblauchzehen
5 EL	Olivenöl
1 1/2 EL	weißer Essig
1 TL	Salz

TIPP

Da sich die marinierten Paprika sehr gut vorbereiten lassen, sind sie ideal für eine Vorspeisenplatte bei einer Party oder einer Essenseinladung geeignet.

- Die Paprika waschen, abtrocknen und rund um den Stielansatz einschneiden
- Den Stiel und die Samen entfernen
- Die ganzen Paprika bei mittlerer Hitze (ca. 180-200 °C) im Backofen grillen, bis die Haut leicht braun wird und sich beginnt abzulösen
- Die Paprika herausnehmen und fünf Minuten auf Küchenkrepp abkühlen lassen
- Anschließend in eine Plastiktüte (Gefrierbeutel) geben, diese verschließen und zehn Minuten ruhen lassen; so lässt sich die Haut besser ablösen
- Danach die Haut mit einem spitzen Messer entfernen
- Die Paprika nun halbieren und in etwa 3 cm breite Streifen schneiden
- In eine flache Schüssel legen und mit dem Salz bestreuen
- Die Knoblauchzehen schälen und durch die Presse drücken
- In einer kleinen Schale gründlich mit dem Öl und dem Essig vermischen und die Mischung über die Paprika geben
- Mit Frischhaltefolie abdecken und noch zwei bis drei Stunden durchziehen lassen
- Als Salatbeilage oder Vorspeise servieren.

Rucola mit Olivenöl und Parmesan

Zutaten pro Person

1	Hand voll Rucola
1-2 EL	Olivenöl
1 EL	Balsamico-Essig

Außerdem:

	Parmesan am Stück

- Den Rucola verlesen, waschen und trockenschütteln
- Auf einem Portionsteller anrichten und mit dem Öl und dem Essig beträufeln
- Mit einem Sparschäler dünne Parmesanblättchen abhobeln und auf dem Rucola verteilen.

Hauptgerichte

Fleischtopf mit weißen Bohnen

Zutaten für 4 Personen	
1 kg	Lammfleisch (aus der Schulter)
500 g	weiße Bohnen
2	Zwiebeln
1	Dose geschälte Tomaten
4	getrocknete Tomaten
2	Knoblauchzehen
100 ml	Olivenöl
1 Bd	Petersilie
	Salz
	Pfeffer

- Die weißen Bohnen 10 Minuten in Salzwasser kochen, anschließend das Kochwasser wegschütten
- Das Fleisch waschen, abtupfen und in nicht zu kleine Stücke schneiden
- Die Zwiebeln und die Knoblauchzehen schälen und in kleine Stücke schneiden
- Die Tomaten aus der Dose und die getrockneten Tomaten klein schneiden
- Die Petersilie fein wiegen
- Das Fleisch in eine feuerfeste Form zusammen mit den Bohnen, den anderen Zutaten und dem Olivenöl geben
- Mit Salz und Pfeffer würzen
- Mit Wasser auffüllen, so dass alles gut bedeckt ist
- Die Form mit einem Deckel oder mit Alufolie abdecken und alles bei 200 °C etwa 2 Stunden im Backofen garen
- Sollten die Bohnen die Flüssigkeit vor Ende der Garzeit vollständig aufgenommen haben, zwischendurch mit etwas Wasser auffüllen
- Kurz vor dem Ende der Garzeit die Abdeckung entfernen, den Ofen ausschalten und das Gericht noch mindestens 15 Minuten im Ofen belassen.

TIPP

Der Fleischtopf lässt sich auch mit Rind- oder Schweinefleisch zubereiten.

Spagetti mit Olivenöl und Knoblauch

- Die Spagetti in reichlich Salzwasser al dente kochen
- In der Zwischenzeit die Knoblauchzehen schälen und in die Presse geben
- Die gegarten Spagetti abgießen und in den noch heißen Topf zurückgeben
- Die Knoblauchzehen durch die Presse drücken und zusammen mit dem Olivenöl unter die Spagetti mischen
- Eventuell noch mit etwas Salz abschmecken und sofort heiß servieren.

Zutaten für 2 Personen

250 g	Spagetti aus Hartweizen
3-4	Knoblauchzehen
3-4 EL	Olivenöl
	Salz

TIPP

Wer es etwas pikanter mag, mischt noch etwas zerbröckelten Schafskäse unter die Nudeln, bis er geschmolzen ist.
Zu diesem einfachen Gericht passt besonders gut ein trockener italienischer Rotwein.

Penne mit Tomatensoße und schwarzen Oliven

- Die Zwiebel schälen und in dünne Scheiben schneiden
- Die Oliven halbieren
- Das Öl in einer großen Pfanne erhitzen und die Zwiebel darin unter ständigem Rühren weich dünsten
- Anschließend die Oliven hinzufügen und 10 Minuten braten
- Die Tomaten und die Petersilie dazugeben und aufkochen, dabei gelegentlich umrühren
- Eventuell noch etwas köcheln lassen, die Soße soll aber noch Tomatenstückchen enthalten
- Das Ganze mit Salz und Pfeffer abschmecken
- In der Zwischenzeit die Penne in reichlich Salzwasser bissfest garen
- Die Nudeln abgießen, gut abtropfen lassen und auf vier Teller verteilen
- Die Soße darüber geben und sofort servieren.

Zutaten für 4 Personen

500 g	Penne-Nudeln
250 ml	Olivenöl
1	große Zwiebel
250 g	schwarze Oliven ohne Stein
400 g	geschälte, abgetropfte Tomaten (frisch oder Dosenware)
1 EL	gehackte Petersilie
	Salz
	frisch gemahlener schwarzer Pfeffer

TIPP

Wer möchte, kann dazu auch Parmesan reichen.

Hähnchentopf mit Oliven

Zutaten für 4 Personen

1	küchenfertiges Hähnchen
25	grüne Oliven ohne Stein
10	schwarze Kalamata-Oliven ohne Stein
2 EL	Olivenöl
4 EL	Wermut
1/2 l	Hühnerbrühe
	Salz, Pfeffer

- Die grünen Oliven eine Stunde wässern
- Das Hähnchen säubern, abspülen, gut abtropfen lassen und in vier Teile schneiden
- Die Hähnchenteile von beiden Seiten mit Salz und Pfeffer würzen
- In einem breiten Topf das Olivenöl erhitzen und das Fleisch darin bei mittlerer Hitze rundherum goldbraun anbraten
- Mit dem Wermut beträufeln und die Hühnerbrühe angießen
- Für 45 bis 50 Minuten bei niedriger Flamme schmoren, dabei alle 15 Minuten die Hähnchenteile wenden
- Das Fleisch herausnehmen und warm stellen
- Die Soße stärker erhitzen und reduzieren
- Dann die abgetropften grünen und die schwarzen Oliven dazugeben und weitere 2 Minuten erhitzen
- Das Fleisch auf vier Tellern anrichten und mit der Soße servieren.

TIPP

Alternativ lässt sich dieses Rezept auch mit Ente zubereiten. Wenn es etwas schneller gehen soll, kann man auch Hähnchen- oder Putenbrust nehmen, dann verkürzt sich die Garzeit erheblich.

Oliven-Spinat-Soufflé

Zutaten für 4 Personen

300 g	Spinat
3 EL	Olivenöl
6	Eier
6 EL	Milch
150 g	Feta
150 g	Oliven ohne Stein
100 g	Paniermehl
	Salz, Pfeffer

- Spinat waschen und 2 bis 3 Minuten blanchieren
- Abtropfen lassen und 5 Minuten in Olivenöl andünsten
- Eier trennen, Eigelb mit Milch verquirlen und über den Spinat gießen
- Feta und Oliven klein schneiden und mit dem Paniermehl dazugeben, vermischen und mit Salz und Pfeffer würzen
- Eiweiß steif schlagen und unter die Masse ziehen
- In eine gefettete Auflaufform füllen und bei mittlerer Hitze (etwa 200 °C) etwa 20 Minuten im Ofen backen.

TIPP

Statt Feta kann man auch Reibkäse verwenden.

Fisch im Tomatenbett

Zutaten für 2 Personen

1	mittelgroßer Meeresfisch von etwa 1 kg (Meeräsche, Brasse, Dorade o. Ä.)
3	getrocknete Tomaten
2	Lorbeerblätter
3 EL	fein gewiegte Petersilie
3	mittelgroße Zwiebeln
2	Knoblauchzehen
4 EL	Olivenöl
100 ml	Weißwein
3	Tomaten
100 g	entsteinte schwarze Oliven
1 EL	Rosmarin
	Salz, Pfeffer

- Den Fisch schuppen, ausnehmen und waschen
- Die Petersilie, die getrockneten Tomaten und die Lorbeerblätter in den Bauch des Fisches füllen
- Den gefüllten Fisch in die Mitte einer feuerfesten Form legen und mit etwas Öl beträufeln
- Die Knoblauchzehen schälen und klein schneiden
- Die Tomaten kreuzweise anritzen, mit heißem Wasser überbrühen und häuten, anschließend in kleine Würfel schneiden
- Die Oliven halbieren
- Die Zwiebeln schälen, in Ringe schneiden und in heißem Olivenöl goldgelb andünsten
- Knoblauch, Tomaten, Wein, Oliven, Rosmarin, Salz und Pfeffer dazugeben und alles etwa 5 Minuten köcheln lassen
- Die Soße um den Fisch anrichten
- Im Backofen bei 180 °C etwa 1 Stunde lang backen.

TIPP

Statt frischer Tomaten lassen sich auch Tomaten aus der Dose verwenden.

Riesengarnelen in Knoblauch-Öl

Zutaten für 2 Personen oder für 4 Personen als Vorspeise

24	Riesengarnelen ohne Schale
250 ml	Olivenöl
4 EL	Wasser
3	Knoblauchzehen
3	getrocknete Chilischoten

- Das Olivenöl mit dem Wasser in eine feuerfeste Schale geben
- Die Knoblauchzehen schälen, fein hacken und in das Öl geben
- Die Chilischoten zerbröseln und hinzufügen
- Die Riesengarnelen nebeneinander in das Öl legen
- Im Backofen bei 220 °C (Umluft 200 °C) 20 bis 25 Minuten backen
- Heiß mit frischem Baguette zum Auftunken des Olivenöls servieren.

TIPP

Verwendet man gefrorene Riesengarnelen, wird kein Wasser zugesetzt.

Backwaren

Quiche mit Oliven und Mozzarella

Zutaten für eine Quiche-Form oder eine Springform (26 cm Ø)

Für den Teig:

250 g	Mehl
2 EL	Olivenöl
1	Tasse frisches Basilikum, fein gehackt
1 TL	Salz
1 TL	Pfeffer

Für die Füllung:

1 kg	Tomaten
2	Eier
10	schwarze Oliven ohne Stein
1/2 TL	Zucker
1 TL	Salz
250 g	Mozzarella
3 EL	Olivenöl
1/2 TL	Pfeffer

- Das Mehl mit dem Basilikum, dem Salz und dem Pfeffer vermischen
- Das Olivenöl hinzufügen und zusammen mit etwas lauwarmem Wasser zu einem geschmeidigen Teig verkneten
- Den Teig zu einer Kugel formen, in Frischhaltefolie einwickeln und etwa 20 Minuten bei Zimmertemperatur ruhen lassen
- Die Tomaten kreuzweise einritzen, mit heißem Wasser überbrühen, die Haut abziehen und die Kerne entfernen
- Das Tomatenfruchtfleisch pürieren, zusammen mit dem Olivenöl aufkochen und etwa 10 Minuten köcheln lassen
- Zucker, Salz und Pfeffer hinzufügen und weitere drei bis vier Minuten köcheln lassen
- Die Eier verschlagen, in die Soße geben und schnell mit einer Gabel verrühren
- Sofort die Soße vom Herd nehmen und etwas abkühlen lassen
- Den Teig in einer geölten Form ausrollen, am Rand etwas hochziehen und den Boden mit einer Gabel mehrmals einstechen
- Bei 180 °C für 20 Minuten vorbacken
- Den Mozzarella in Scheiben schneiden
- Die Soße auf dem vorgebackenen Teig verstreichen und die Mozzarellascheiben darauf verteilen
- In die Zwischenräume die Oliven legen
- Die Quiche weitere 25 Minuten bei 180 °C backen
- Auf Zimmertemperatur abkühlen lassen und servieren.

TIPP

Im Original wird für diese Quiche ein Käse mit Namen „Haloumi“ verwendet. Er stammt aus Zypern und ist bei uns an gut sortierten Käsetheken zu bekommen.

Olivenbrot

- In einer tiefen Schüssel die Trockenhefe mit einer Tasse lauwarmem Wasser verrühren
- Eine Tasse Mehl dazugeben und gut vermischen
- Den Vorteig mit einem Tuch abdecken und etwa 20 Minuten gehen lassen
- Die Zwiebel schälen und sehr fein hacken
- Die Oliven halbieren, vierteln oder in Scheiben schneiden
- Wenn der Vorteig Bläschen gebildet hat, mit dem restlichen Mehl, mit Öl, Zwiebel, Salz und Pfefferminze verkneten; dabei noch so viel Wasser hinzufügen, dass ein weicher, elastischer Teig entsteht
- Zum Schluss die Oliven unterkneten
- Den Teig etwa zwei Stunden an einem warmen Ort gehen lassen, bis er sein Volumen verdoppelt hat
- Dann einen großen runden Laib formen, auf ein gefettetes Backblech legen und nochmals ruhen lassen, bis er etwa die doppelte Größe angenommen hat
- Im vorgeheizten Backofen bei 200 °C etwa 45 Minuten backen.

Zutaten für einen großen Laib

1 kg	Mehl
2	Beutel Trockenhefe
100 ml	Olivenöl
1	Zwiebel
200 g	schwarze Oliven ohne Stein
1 EL	getrocknete, gerebelte Pfefferminze
1/2 TL	Salz

TIPP

Das Olivenbrot lässt sich auch gut in einem Backautomaten zubereiten. Dafür muss die Menge aller Zutaten jedoch halbiert werden.

Salzkringel

- Alle Zutaten zu einem geschmeidigen Teig verkneten
- Aus dem Teig kleine Kringel formen und auf ein gefettetes Backblech legen
- Mit verquirltem Eigelb bestreichen und mit Sesamsamen bestreuen
- Bei 200 °C im Backofen auf der mittleren Schiene 15 bis 20 Minuten goldgelb backen.

Zutaten für 20 bis 30 Stück

225 ml	Olivenöl
1 TL	Salz
150 g	geriebener Käse
500 g	Mehl
2 TL	Backpulver
1	Eigelb zum Bestreichen
	Sesamsamen zum Bestreuen

TIPP

Die Kringel lassen sich auch in einer süßen Version herstellen. Dann gibt man statt Salz etwa 200 g Zucker hinzu und würzt nicht mit Käse, sondern mit Zimt, etwas Zitronenschale und einem Schuss Weinbrand.

Literatur

Literaturhinweise

- Bruck, David L.: Exotische Früchte und Gemüse selbst gezogen. München 1986.
- Europäische Olivenöl-Bibliothek für medizinische Informationen (Internet): Wissenschaftliche Grundlage für Olivenöl, einfach ungesättigte Fettsäuren, Antioxidantien und LDL-Oxidation.
- Europäische Olivenöl-Bibliothek für medizinische Informationen (Internet): Wissenschaftliche Grundlage für die Wirkungen von Olivenöl auf den Fettstoffwechsel.
- Europäische Olivenöl-Bibliothek für medizinische Informationen (Internet): Wissenschaftliche Grundlage für die Wirkungen von Olivenöl auf Risikofaktoren für Herz-Kreislauf-Erkrankungen und koronare Herzerkrankungen.
- Europäische Olivenöl-Bibliothek für medizinische Informationen (Internet): Wissenschaftliche Grundlage über Olivenöl, mediterrane Ernährung und Krebsvorbeugung.
- Europäische Olivenöl-Bibliothek für medizinische Informationen (Internet): Wissenschaftliche Grundlage für die Wirkungen von Olivenöl auf kardiovaskuläre Risikofaktoren und koronare Herzerkrankung.
- Europäische Olivenöl-Bibliothek für medizinische Informationen (Internet): Gesundheitsfördernde Wirkungen der sekundären Pflanzenstoffe von Olivenöl (Teil I und II).
- Fooks, Richard: το βιβλιο τηζ ελιαζ. Athen, ohne Jahresangabe.
- Joyce, David: Das große Buch vom Pflanzenschneiden. Ravensburg 1993.
- Kästner, Erhart: Der Ölbaum. Garten + Haus, S. 48-52, 07-08/2003.
- Lambraki, Myrsini: Olivenöl. Besser essen, länger leben. Heraklion 1999.
- Lambraki, Myrsini: Olivenöl, das Elixier der Langlebigkeit. Athen 1999.
- Monemvasitis, George: Olive oil – source of life. Athen 1998.
- Psilakis, Nikos u. Maria: Die Kultur der Olive. Heraklion, ohne Jahresangabe.
- Zerbst, Marion: Olivenöl – das Gesundheits-Geheimnis des Südens. Stuttgart 1998.
- Weiterhin gibt es zahlreiche Internetseiten über Oliven und Olivenöl.

Dank der Autorin

An dieser Stelle möchte ich mich ganz herzlich bei Herrn Taki Konstantinou und seiner Familie bedanken, die mir viele wertvolle Tipps und Informationen geliefert haben und eine unschätzbare Hilfe waren, da sie für mich griechische Literaturstellen zum Thema Oliven und Olivenanbau übersetzt haben.

Register

Bibliografische Information Der Deutschen Bibliothek
Die Deutsche Bibliothek verzeichnet diese Publikation in der Deutschen Nationalbibliografie; detaillierte bibliografische Daten sind im Internet über http://dnb.ddb.de abrufbar.

Bildquellen:
Akg-images/Erich Lessing: S. 8
Reinhard Berktold: S. 21 (5. Bild), 24, 31, 32, 48
Helga Buchter-Weisbrodt: S. 21 (Bild 1-4), 49
Wolfgang Kohlhepp: S. 37
Gabriele Lehari: S. 57
Wolfgang Redeleit, Bienenbüttel: S. 58
Hans Reinhard: S. 2 oben, 2 unten, 5, 9, 11, 12 oben, 12 unten, 13, 14, 15, 26, 28/29, 30, 34, 35, 42, 44, 59 oben
Souk El Web AG: S. 27
Friedrich Strauß, Au/Hallertau: S. 1, 12 Mitte
Teubner Foodfoto: S. 3 unten, 17 oben, 17 unten, 18, 20, 40, 53
Fridhelm Volk, Stuttgart: S. 3 oben, 3 Mitte, 38/39, 45, 50/51, 56, 59 unten, 63, 65, 67, 68, 71, 73
Zeichnungen: Thorsten Klock, Hamburg: S. 33, alle anderen: Helmut Flubacher, Waiblingen

Wollgrasweg 41, 70599 Stuttgart (Hohenheim)
E-Mail: info@ulmer.de
Internet: www.ulmer.de
Printed in Germany
Lektorat: Ina Vetter, Anke Ruf

Covergestaltung und Layout: CYCLUS – Visuelle Kommunikation
Herstellung und DTP: CYCLUS – Media Produktion
Druck und Bindung: Offizin Andersen Nexö, Zwenckau
Umschlagfotos: Mauritius-Images/age/Javier Larrea (großes Bild), Fridhelm Volk, Stuttgart (kleines Bild)

ISBN: 3-8001-4594-4

Register

Holen Sie sich den Süden nach Hause!

In diesem Buch erfahren Sie Grundlegendes über die fachgerechte Anlage von Wegen und Terrassen und erhalten eine Vielzahl schöner Gestaltungsideen mit unterschiedlichen Materialien.

Wege und Terrassen.

Alice Thinschmidt, Daniel Böswirth. 2002. 96 S., 65 Farbf., 25 Farbzeichn., geb. (Pp.). ISBN 3-8001-3827-1.

Lassen Sie sich inspirieren, wie man mit geeigneten, dabei aber pflegeleichten Pflanzen, passenden Materialien und Zubehör mediterrane Stimmung auf Balkon und Terrasse zaubern kann.

Mediterranes Flair auf Balkon und Terrasse.

Tanja Ratsch. 2002. 96 S., 86 Farbf., 13 Zeichn., geb. (Pp.). ISBN 3-8001-3811-5.

Abdichtung, Gestaltung und standortgerechte Bepflanzung von Wassergärten werden Schritt für Schritt mit Hilfe von anschaulichen Fotos praxisnah erklärt.

Wassergärten.

Sprudelnde Steine und stille Teiche. Daniel Böswirth, Alice Thinschmidt. 2001. 96 S., 4 Zeichn., 96 Farbabb., geb. (Pp.). ISBN 3-8001-3247-8.

Ulmer